聴くことで世界が広がる！

難聴児の豊かな子育てガイドブック

スーザン・レイン　ロリ・ベル　テリー・パーソン＝ティルカ＊著
北野庸子　井上ひとみ　シュタイガー知茶子　星野友美子　矢崎牧＊編訳

ココ出版

My Turn To Learn:
An Up-To-Date Guide for Parents of Babies and Children With Hearing Loss

by Susan Lane, Lori Bell, & Terry Parson-Tylka

© BC Family Hearing Resource Society

This translation is not a publication of BC Family Hearing Resource Society.
The Society has not verified the contents of this translation and makes no representation whatsoever as to its accuracy.

My Turn To Learnを編訳した本書は、カナダ・ブリティッシュ・コロンビア州立難聴児ファミリー・リソース・ソサイエティの刊行物ではありません。当機関は、この翻訳の内容を確認しておらず、その正確性について何ら保証いたしません。

聴くことで世界が広がる！
難聴児の豊かな子育てガイドブック

まえがき

　近年、新生児聴覚スクリーニング検査の実施により、お子さんの難聴が今までになく早期に発見されるようになりました。心待ちにしていた赤ちゃんの誕生という喜びのなかで、突然告げられる「お子さんは聞こえに問題があるかもしれません」という医師からのことば。今までの人生を覆されるような苦しみを経験したと言われた親御さんもいらっしゃいます。

　しかし、悲しみの中に沈んでいる間もなく、検査や補聴器装用のための病院通いが始まります。親御さんは子育てを楽しむよりも、目の前の課題に対処するための責任を果たしていかなくてはならないのです。補聴器が手に入り、「赤ちゃんが、補聴器をできるだけ長くつけていられるように、頑張ってくださいね。そして、赤ちゃんにたくさん話しかけてくださいね」と言われて帰宅したものの、何をどこから始めたらいいのか……。このような親御さんの疑問や悩みに一つ一つに丁寧に答え、何をすべきかをコーチしてくれるのがこの本です。

　本書『難聴児の豊かな子育てガイドブック』(My Turn To Learn)は、カナダのブリティッシュ・コロンビア州（以下BC州）で難聴と診断され、早期難聴診断・療育プログラム（Early Hearing Program）に登録された家族が必ず受け取る本です。BC州では療育を始める前に、家族はコミュニケーション方法の選択を求められます。一つは、聴覚を中心に音声言語を育てる聴覚法、二つ目はトータル・コミュニケーション法と言われる聴覚も手話も同時併用する方法、三つ目は手話法で、本書はそのどの方法にも対応できるように書かれています。

　1997年に初版が出版された原書は1章から24章までありますが、この本では、BC州のセンターから許可を得て、前半のオージオロジーや補聴器、人工内耳関連の内容を省きました。その理由は、この領域

が日進月歩であるため、最新の情報は別の機会に提供すべきではないか、と考えたからです。しかし後半の部分は、お子さんとの日々の暮らしの中で、親御さんがどのように聴こえとことばを育てていけばいいのかを具体例をあげて丁寧に説明しています。このような難聴児の子育て・ことば育ての本は、日本ではまだ数少ないことから、ぜひみなさんにお届けしたいと思いました。

　本書を手にする親御さんは、すでにいろいろな支援機関、例えばろう学校の早期支援教室や幼稚部、発達支援センター、あるいは病院のクリニックなどで、ろう教育の先生や言語聴覚士から指導を受けていらっしゃると思います。お子さんとのコミュニケーション方法も、聴覚を主とする方法、あるいは手話を併用している方もいらっしゃるでしょう。本書では、親御さんがお子さんの聴こえとことばの発達を後押しするために、ご家庭でできるさまざまな活動や工夫をわかりやすく語っていますから、どのような方法を用いている親御さんであってもご活用いただけるのではないかと思います。

　「聞こえない・聞こえにくい」という難聴児の問題に対しては、これまで難聴児教育の流れの中では、手話か口話（音声言語）かということばを育てるための方法について激しい論争が行われ、それは戦後、補聴器が普及し、難聴児の聴覚活用の可能性が拡大しても続きました。しかし近年、難聴医療・医療工学がこの流れに革新的な変革をもたらしました。新生児聴覚スクリーニング検査による早期発見・早期診断、そして補聴器の超早期装用、続いて必要であれば人工内耳手術の選択、また遺伝子診断をはじめとする様々な検査による豊富な医療情報などです。誕生直後から乳幼児期の間に、難聴医療は重要な役割を占めるようになりました。そして、それらにより近年は、今までになく良好

な聴こえのポテンシャルをもつ乳幼児が誕生したと言えます。

　しかし、これは重要な「はじめの一歩」でしかありません。お子さんが得た聴こえのポテンシャルをどのように生かして、聴こえとことばの習得につなげていくかは、ただ補聴器や人工内耳を装用しただけでは成し遂げることはできません。お子さんが適切な補聴機器を装用しても「聴こえる子ども」になった訳ではないのです。「では、どうしたらいいのですか！」──本書はその答えを、お子さんとの日々の生活の中で、親御さんがどのようにお子さんの動きをとらえ、どのようにかかわり、語りかけたらいいのかについて、示してくれています。例えば、次のようなテーマに対する具体的な活動例やアドバイスがあふれています。

- お子さんが音や声に気づき、それに意味があることがわかるには何をしたらいいのか
- お子さんにことばがないときに、お子さんからの「伝えたい気持ち」に親御さんはどのように気づくことができるか
- 難聴児とのやり取りでは、ことばだけでなく表情やジェスチャーなどの豊かな表現力がなぜ必要なのか
- お子さんのワクワク感に焦点を合わせて向き合うにはどうしたらいいのか
- お子さんとの対話のキャッチボールがうまくできる方法にはどんなものがあるか

　本書では「きこえ」を、「音や声に単に反応する聞こえ」と「音や声に意味を持つ聴こえ」として区別して使っていますが、この違いは英語でも「hearing」と「listening」に分けられています。聴覚を使ったこと

ばの習得の出発点は、「聞こえ」を「聴こえ」に変えていくことでしょう。親御さんがお子さんとかかわり、語りかけをしていくと、お子さんの聞こえは次第に「音や声に反応する聞こえ」から、「音や声に意味を持つ聴こえ」へと変わっていきます。そして、その「聴こえ」は、音声のことばを習得するための「道筋づくり」になっていきます。

　この本の完成には、多くの仲間の願いと協力がありました。翻訳を最初に思い立ったのは、矢崎牧さんでした。ブリティッシュ・コロンビア大学大学院のオージオロジー課程でこの本と出会い、内容の素晴らしさに魅了されたことで、翻訳本が世に出るきっかけを作ってくれました。その後、難聴児を持つシュタイガー知茶子さんと星野友美子さん、そして難聴児療育や療育者養成にかかわる井上ひとみさんがそれぞれの役割で翻訳に貢献してくれたことで、難聴児を育てた親御さんと療育者との共同作品として本書が完成しました。

　私たちは、近年の難聴の早期発見と良好な補聴により、よく聴こえ、明瞭に話すことができる難聴児が増え、さらに成長したお子さんたちが、今までには考えられなかった新たな領域に挑戦している姿に子どもたちの明るい未来を見ています。しかし、やはり聞こえるお子さんではないゆえに、成長の過程で直面するさまざまな課題に対しては、繊細な配慮と周到な支援が必要だと考えています。本書は先の長い「難聴児の子育て」の入り口の本であるだけでなく、親御さんが、その後のお子さんの成長に伴走しながら、「聞こえにくさ」をもつお子さんとどのようにかかわり、その成長を支援するべきか、という親としての在り方の基本について多くの示唆を与えてくれるガイドブックになると思っています。

北野庸子

目次

はじめに … iv

パート・I　さあ始めましょう！ … 1

- 第1章　音に気づく・音に意味があることに気づく … 2
- 第2章　お子さんからの「語りかけ」に気づく … 11
- 第3章　お子さんの「伝えたい！」という気持ちに応えましょう！ … 18
- 第4章　対話は触れ合える距離で … 26
- 第5章　適度な声の大きさと速さを使って話す … 30
- 第6章　表現力を豊かにしよう！ … 35
- 第7章　手話などを併用する場合 … 39

パート・II　お子さんの話し相手になろう！ … 49

- 第8章　お子さんのワクワクに焦点を合わせましょう！ … 50
- 第9章　ことばかけは長すぎず、難しすぎず … 56
- 第10章　対話はキャッチボール … 62
- 第11章　質問・指図・言語化 … 68
- 第12章　発音・語彙・文章表現のお手本を示す … 77

| パート・Ⅲ | おしゃべりを始めた。さぁこれから！ …89 |

第13章　ことばを膨らませてあげるとは？　…90

第14章　会話への誘い　…94

第15章　会話が続かない時の打開策　…100

第16章　周りの理解を求める　…112

| パート・Ⅳ | 対話力へ！　そして読み書きする力へ！ …129 |

第17章　いつでもどこでもアイディア集　…130

最後にひとこと　…168

用語解説　…169

さあ 始めましょう!

難聴のお子さんのことばの発達を後押しするには、あなたが何よりも重要な支援者です。では、どのようにその手助けを始めたらいいのでしょうか?

パートIでは、積み木ブロックを一つずつ積み上げるように、まずお子さんと上手なやり取りができるようになるための土台作りについてお話しします。お子さんがあなたの声や語りかけに気づくためにはどうするの? お子さんが何かを伝えたがっている時、どのようにわかってあげるの? お子さんの伝えたい気持ちにどう応えるの? あなたの語りかけがお子さんにより良く伝わるには、どのように話しかけたらいいの? など。

ご家庭の日々の生活でやってみて欲しいアイディアや具体的な取り組み方、更に難聴児の子育てを経験された先輩たちのメッセージもあり、役に立つ情報が満載です。

では、始めてみましょう!

― ・ ― ・ ― ・ ― ・ ― ・ ― ・ ― ・ ― ・ ― ・ ― ・ ― ・ ― ・ ― ・ ― ・ ―

第1章 音に気づく・音に意味があることに気づく
第2章 お子さんからの「語りかけ」に気づく
第3章 お子さんの「伝えたい!」という気持ちに応えましょう!
第4章 対話は触れ合える距離で
第5章 適度な声の大きさと速さを使って話す
第6章 表現力を豊かにしよう!
第7章 手話などを併用する場合

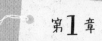

第1章 音に気づく・音に意味があることに気づく

◀◀◀ 本章で学ぶこと ▶▶▶

1. 聴く力の芽生えを後押ししよう！
2. 音に気づかせ、音に意味があるとわからせるには、どうしたらいいの？
3. 聞こえない子にどう向き合うの？
4. 補聴器や人工内耳を装用すれば、聞こえる子のように聞こえるの？
5. 毎日心がけることは？
6. 聴く力をチェックしよう！
7. 日々の成長を記録しよう！

1. 聴く力の芽生えを後押ししよう！

まずは適切な補聴機器を起きている間、着けていられるようにすること。これが「初めの一歩」ですが、着ければいいというものでもありません。難聴のお子さんには「音というものがあるんだ」と気づくきっかけがとても重要です。

そのチャンスはこんな風につねに散りばめられています。

■ 音がしたら、何の音かな？ どこで音がしているのかな？ ということを丁寧に教えてあげましょう。繰り返していくと、お子さんは車の音や声でもことばでも、自分の周りの世界に音があると気づくようになってきます。

- 家族が日常の生活音などを聞き流さず、きちんと反応して気づかせることを積み重ねていくと、難聴のお子さんは音に意味があることが分かってきます。

- もちろん、お子さんの難聴の度合いや、補聴機器からどれだけの音が入っているかなどによって、音声言語の獲得の難しさは左右されます。でも、家庭の中の言語生活（お子さんと家族とのことばを使ったやり取り）がどれだけ豊かであるかということも、大切な鍵となることを忘れないで！

2. 音に気づかせ、音に意味があるとわからせるには、どうしたらいいの？

難聴のお子さんには、次のようなことをできるだけ心がけましょう。

- 寝ている時以外は補聴機器を着けてあげる。

- これから音が聞こえるという場面で、「ほら、聴いて！」と言いながら耳に手をやる。音が聞こえたら、「聴こえたねー」と言いながら音の出どころを見せ、「〜の音だね」と教える。（例：水道栓をひねる前に「水がジャーって流れるかな」、栓をひねって「水がジャージャーね」などのようにフォローする）

- 名前を呼ぶ、手を叩く、ノックする、歌う、ささやくなど、生活のさまざまな場面でいろいろな音を聞かせる。

- お子さんが声を出したら、まねすることで応えてあげる。アーアーでも、バブバブのような喃語でも、発語の試みでも、「上手に言えたねー」という気持ちで、まねして返してあげる。

- 音がした時に、お子さんの反応をつねによく見てあげる。（知っている音／知らない音によって、止まる・ピクッとする・泣き出す・頭を音の方に向ける・微笑む・動作を一瞬止める・声を出すなど・反応の仕方はさまざま）

- はっきりとした声で、近いところから声をかける。1メートル以内で、同じ目線の高さがベスト。

- 気持ちをこめて語りかける。（抑揚があり、声の大小・リズム・高低が変化する声によって、語りかけがよりわかりやすくなり、注意を向けやすくなる）

- 少しゆっくりめに話す。

- 上手に間をとる。特に聴いて欲しいことばの前に一瞬の間を置くことによって、お子さんに聴く用意ができる。（例：いないいないばあ、をして遊ぶ時、「いない、いない……ばあ！」と「ばあ」の前に少し間をとる）

- 喜んでいる間は、同じことばや語りかけを何度でも繰り返してあげる。

■ 補聴器や人工内耳を着けているお友だちと遊ぶ機会を作る。他の難聴の子どもたちとのふれあいから、聴こえるということと補聴機器との結びつきが理解しやすくなる。

■ 音のするおもちゃや楽器で遊ぶ。

■ 日常生活のいろいろな音をことばにする。生活音や動作を擬音語や擬態語を使って音を入れたことばにする。(例：水を流す前に「ジャー」、車が通ったら「ブーブー」、滑り台で「シューッ」)

■ 音がたくさん出てくる絵本を読む。(例：枯葉が「カサカサ」する、お風呂で「パシャパシャ」遊ぶ、新聞紙を「ビリビリッ」と破る、などの内容が出てくる絵本)

■ 声を出す動物や、音を出す乗り物などのおもちゃを袋か箱に入れておき、例えば「ブー」と言いながら車のおもちゃを取り出したり、「ワンワン」といいながら犬のおもちゃを取り出す。物を取り出して子どもに見せる前に、声を聴かせ、お子さんが模倣できるようであれば反復させてから物を見せることが大切。

■ いろいろな物の中から、聴こえた音が意味するカードや写真を取り出す遊びをする。(例：「ワンワン」と聴いて犬を選ぶ遊び)

3. 聞こえない子にどう向き合うの？

　重度の難聴があるお子さんには、的確な補聴をしてあげ、できるだけたくさんの音刺激を与えてあげること、そして何が聞こえるのかを見極めてあげることがとても大切です。聴く力を育てる療育がありますので、それらを上手に利用しましょう。それは補聴器で十分な聞こえが得られる場合でも、人工内耳を装用するようになる場合でも、まず聴く力をつける必要があるからです。音についてたくさんの経験をさせ、感度を高めてあげることで、音を捉え、それに反応していける力が育ちます。成長するにしたがって、自分にとって意味のある音を認識できるようにもなっていきます。人工内耳を装用した場合も、このような聴く力がことばの習得の基礎になります。

音の振動を感じさせるといった療育もあり、音の存在と意味を理解させるのに役立つと言われています。お子さんが音を感じたら「ほら、聴いて！」と言いながらお子さんや親御さんの耳に手を当てるなどすることで、お子さんの音体験を際立たせることができます。

4. 補聴器や人工内耳を装用すれば、聞こえる子のように聞こえるの？

子どもが一人一人違うように、聴力損失も一人一人違います。難聴の程度が同じくらいであったとしても、補聴器や人工内耳を通して聞く音・捉える音はそれぞれ異なり、比べることはできません。しかし一般的には、難聴で補聴機器を着けているお子さんは、日々の生活の中で聴こえの体験を積んでいき自然にことばを覚えるという、聞こえる子どもたちが普通にしていることを当たり前にはできないのです。

ことばには、聞き分けたり特定することが難しい音の要素がいくつもあります。普通の会話レベルの話し声だと、よく注意して集中していないと聞き取りにくく、知らない単語があるだけで全体の意味がわからなくなってしまうこともあります。会話の中であまりはっきり発音されない「て・に・を・は」や弱くなる文末も、話を聞きづらくする要因です。

5. 毎日心がけることは？

難聴の重さに関わりなく、次のことは大切ですから毎日しましょう。

- この章であげたことをよく理解して、お子さんが音に気づくようにしてあげましょう。難聴児療育でよく言われる「条件付け」とは、耳をすまし、音が聞こえたら特定の動作をするように訓練することで、たいていの場合2歳前後までにはできるようになります。条件付けができるようになると、聴力検査がより正確にできます。療育・教育の先生、言語聴覚士と連携して、お子さんがこうした遊戯聴力検査を受けられるようにしていきましょう。

- 混同しやすい音は注意して聞かせてあげましょう。お子さんのオージオグラムの結果が話し声の聞き取りにどのように影響するのかについて、療育・教育の先生、言語聴覚士から説明をしてもらいましょう。

- 補聴機器は必ず毎日チェックして、きちんと作動していることを確かめましょう。

- 幼稚園や保育園の年齢になったら、自分でよりよく聞こえるように工夫することも教えましょう。話し手に近づく、騒音の少ない場所に移動する、「音楽がうるさくて聞こえません」と自分で言う……そうした行動を親が示してあげれば、だんだんと身についていきます。

- 対象物を見たり触ったりする前に、まず聴覚だけで理解するように努力させましょう。自分の聞こえに自信を持ち、聴く力を育むために。

6. 聴く力をチェックしよう！

　聴くことを学んでいるかどうかは、どうしたらわかるでしょう？　聞こえているのだろうか？人の動きや表情、口の動きなどを見て反応しているだけかもしれない……。そんな時は、次のチェックリストに照らして考えてみてください。もしお子さんが、聞くよりも見ることに頼って反応していると思われる時は、この点をチェックリストに記入してください。その上で、「聴こえだけ」と言える状況で音や声を聴かせ、それらの意味するものを伝えてあげましょう。

　次の聴こえの発達段階チェックリスト1～3は、聴こえが発達していく各段階（聴性行動）のゴールを見極めるのに役立ちますから、何度も立ち返って参照することをお勧めします。（リストの聴性行動は、平均的な発達の順序を追って作成されています）

聴こえの発達段階チェックリスト・1

音への気づき

何の音か、どこからくる音かなどはともかく、音そのものへの興味や反応を示したら、それは音への気づきです。

突然の音に目を覚ます、泣く、ピクッとする	つねに・時々・全くない
声をかけると安心する	つねに・時々・全くない
聴力検査の時、提示する音に反応する	つねに・時々・全くない
補聴機器を装用すると、ようすが変わる（静かになる、声を出すようになる、など）	つねに・時々・全くない
名前を呼ぶと反応する	つねに・時々・全くない
会話に耳を傾ける（話し手を見つめる）	つねに・時々・全くない
「ダメ」ということばに反応する（していたことを止める、振り返る、泣く、など）	つねに・時々・全くない
音がどこから出ているか知ろうとする	つねに・時々・全くない

ずっと鳴っていた音が止まったのがわかる（掃除機のスイッチを切るとそちらを見る、音楽が鳴りやむと音楽に合わせて踊っていたのを止める、など）	つねに・時々・全くない
聴力検査の時、聞こえたことを表現（条件付け）できる	つねに・時々・全くない
補聴機器が聞こえない時は、耳を指差す、補聴器を指差すなどして教えてくれる（補聴機器のスイッチが入っていない、故障した、着けていない時など）*	つねに・時々・全くない

＊このような行動は、聴く力が発達してくるとみられるようになる

聴こえの発達段階チェックリスト・2

弁別

二つ、または複数の音を聞いて、音の違い（大きい音／小さい音、高い音／低い音）がわかることです。

耳にしたことのある異なる音（例：電話と掃除機）が違うことがわかる（少し大きいお子さんの場合は、音だけ聴いて「同じ」「違う」と言える）	つねに・時々・全くない
知っている複数の単語（例：「くつ」と「ぞう」）を聴いて、違うことばであることがわかる。実物か絵カードを見せて、聴こえたのはどっちかを尋ねると、聴こえたことばに合うものを選べる	つねに・時々・全くない
音声のいろいろな違いに気づく 例：音節＊の数の違い（例：あたま／あし）	つねに・時々・全くない
音の長さの違い（例：ア／アー）	つねに・時々・全くない
音の大きさの違い（例：大きな声／ささやき声）	つねに・時々・全くない
母音の違い（例：ア／ウ）	つねに・時々・全くない
子音の違い（例：パパ／バパ）	つねに・時々・全くない

＊自然な音の切れ目（「あたま」は3音節、「あし」は2音節）

聴こえの発達段階チェックリスト・3

同定と理解

何の音かがわかり、その意味することが理解できることです。

何が音を出しているかわかる （例：玄関のチャイムやブザー）	つねに・時々・全くない
親しい人の声なら姿が見えなくても誰だかわかる （例：ママ、パパ、おばあちゃん、など）	つねに・時々・全くない
「〜はどこ？」と尋ねると、そのものを指差したり取ってくる＊（例：「リモコンはどこ？」）	つねに・時々・全くない
日常繰り返されることなら、キーワードを拾って理解できる＊（例：「さぁ、くつをはくよ！」）	つねに・時々・全くない
初めて聴く指示でも従うことができる＊（例：「赤ちゃんにくつした履かせて」）	つねに・時々・全くない
聴こえた音を反復・模倣する（例：「バー、バー、バー」「アー」「イーイ、イーウー」「ア、オー」など）	つねに・時々・全くない
聴こえたことばを反復・模倣する （例：「バイバーイ！ ママ、いない、いない」） 注意：子どもが話すときに身ぶりがともなわないこと	つねに・時々・全くない

＊手話を使わないで繰り返し尋ねてみる

7. 日々の成長を記録しよう！

　お子さんは、どんな時にどんな働きかけをしたら注意を向けて、どんなものに興味を示したでしょうか？　多くの親御さんは、そうしたことを記録しておくことがとても役に立ったと言っています。

　成長の記録の仕方にはいろいろあります。

- 動画を撮影する
- 日記やメモを書く
- 第三者に見てもらう
- チェックリストを使う

　例えば、次のような書き方で、お子さんの記録が書けます。もちろん、療育・教育の先生、言語聴覚士によっては他の方法を提案するかもしれません。

日付	音	距離・方向	子どものようすと声かけ
○月○日	鍋を床に落とした	1メートル	メグは、びっくりしたようす 私は「あーあ、落ちたね、お鍋が落ちちゃった」とメグに言った
△月△日	メグの後ろで犬が吠えた	1メートル 後ろ	メグはこの犬には気づかず、遊び続けていた ボブが犬を指差しながら、メグに犬を見せた

初めに聴かせたい音・ことば（擬音語・擬態語）の例

母音（あ・い・う・え・お）、唇を使う音（ま・ば）を最初に聞かせると、聞きやすいです。

聴かせる音	音の意味
あーぁ	何かが落ちたりこぼれたり、失敗した時
あーん	食事の時「口をあけて」の意味
あちち	何かが熱い時
いーい	いい？（許可を求める時）
ウーウー	消防車の音
えーい・えいっ！	ボールなどを投げる時
おーい	人を呼ぶ声
うーん（口を閉じて）	おいしい時に口を閉じて言う、力を入れる時
しー！	静かにしようの意味
シーシー	おしっこをする時
シュー	滑る時（滑り台）、飛ばす時（紙飛行機）など
スー	何かを滑らせる時、障子などを開く／閉める時
ソーっと	静かに何かする時、静かに歩く時
トントン	ドアなどを叩く時
ばあー	いないいないばあ
フーフー	熱いものを冷ます時の息の音
ジャー	水を流す音、カーテンを引く音
ビリビリ	紙をやぶる音
ポーン	ボールなどを投げる音
ポイ	ごみなどをすてる音
動物の鳴き声	ブーブー（豚）、モー（牛）、ニャー（猫）、ワンワン（犬）、カーカー（カラス）、メー（羊）、チュウ（ねずみ）、ガオー（ライオン）、パオーン（象）
乗り物の音	ブーブー（車）、キーン（飛行機）、ピーポーピーポー（救急車）、ウーウー（消防車）、ガタンガタン（電車）、ポッポー（汽車）、リンリン（自転車）

第2章 お子さんからの「語りかけ」に気づく

◀◀◀ 本章で学ぶこと ▶▶▶

1. 対話の第一歩とは？
2. 身ぶりによる語りかけに気づいてあげよう！
3. 声による語りかけに気づいてあげよう！
4. 何を言おうとしているのかな？
5. 日々の生活の中に隠れているチャンスを見つけよう！
6. いつもの遊びの中に隠れているチャンスを見つけよう！

1. 対話の第一歩とは？

　難聴のお子さんをもつと、親は「初めてのことば（話しことばあるいは手話）」を今か今かと待ち望みますね。でも、お子さんは「初めてのことば」を発するずっと前に、たくさんのことを語ってくれているのです。すでに親子でいろいろな形のメッセージを送り、送られながらやり取りしていることに気づいていますか？

　このような対話を「ことばの前のことば」という意味で「前言語期コミュニケーション」と呼びます。前言語期の対話がないと、その後のことばを使ってのコミュニケーションに進めません。お子さんからの語りかけは見えにくいため、親としてはまずそれに気づき、上手に応えてあげることを学ばなければなりません。見過ごしてしまいそうな「語りかけ」に気づいてあげれば、お子さんは通じた喜びを味わい、更に多くのことを伝えようとしてくれるでしょう。

2. 身ぶりによる語りかけに気づいてあげよう！

お子さんは成長するにしたがって、さまざまな身ぶりによる語りかけでメッセージを送ってきます。次のチェックリストを見て、そうした行動があったことを記録しておきましょう。

チェックしてみよう！

前言語期の身ぶり

- ☐ **見つめる：**
  あなたを見て、視線をものに移して、またあなたを見る

- ☐ **全身で：**
  うれしい時、または嫌な時、興奮したようすで体を激しく動かす

- ☐ **動作の繰り返し：**
  手、腕、足などで同じ動きを繰り返す（繰り返しの動作は、初歩のジェスチャー、あるいはベビーサイン*の芽生えかもしれません）

- ☐ **顔の表情：**
  機嫌がいい時に微笑む、悪い時に顔をしかめる、口を丸くして驚きを示すなど

- ☐ **手：**
  何かを伝える、注意を引く、物を渡したり見せるなどのため、あなたに触れる。誰でも理解できる仕草をする（例：誰かに手を振る、指差す、物を見せる）

- ☐ **体の前で手を動かす：**
  手話と呼べるほど体系的ではないが、意味のない偶然の動きよりは意図的な動きをする

*ことばを話す前の赤ちゃんと会話をするための手を使った簡単なジェスチャー

3. 声による語りかけに気づいてあげよう！

　声を使って何かを伝えようとするようになった頃でも、身ぶりも使い続けます。これは正常な発達ですし、何の心配もありません。身ぶりを通じて伝わることの喜びを知ったお子さんは、音声言語への移行もスムーズで、ことばの発達を後押ししてくれることが多いです。

　次のチェックリストは、お子さんの声による語りかけを示したものです。リストと照らし合わせながらお子さんのようすをチェックしてください。

チェックしてみよう！

前言語期の発声

- ☐ おなかが空いた時、オムツが濡れて気持ち悪い時に泣く
- ☐ うれしい時、喉をクックと鳴らして、笑うような声をたてる
- ☐ 抱っこされている時や遊んでもらっている時に発声する（「アー」「ウー」などの母音や「マー」「ダー」などの子音と母音の組み合わせた音を発声する）
- ☐ 「ブ、ブ、ブ」のように、同じ音を区切って繰り返す喃語が出る
- ☐ 喃語に抑揚がつき、声が上がったり下がったりする
- ☐ 色々な声を使った喃語が出る（例：「マ、マ、マ」、「ダ、ダ、ダ」）
- ☐ ことばにはなっていないが、文章を話しているかのように声を出す（ジャーゴン）
- ☐ ことばとしては未完成ながら、同じ音でいつも同じものを指す
  （例：「マー」が哺乳瓶を指す）
- ☐ 初めて正しい単語らしいことば（初語）を発する

4. 何を言おうとしているのかな？

　次にあげる表を参考に、お子さんが何を伝えようとしているのかを考えてみましょう。よく気をつけて見ていると、お子さんの言いたいことがわかり、更にやる気にさせるような上手な対応ができるようになりますよ。お子さんは、「わかってもらえた」と思ったら、またトライしようとするでしょう。あなたがお子さんの伝えようとしていることをわかってあげ、ちゃんと応えてあげられたら、お子さんは「あ、このやり方でいいんだな」ということを学習していきます。

　次のチェックリストもお子さんの成長の段階を追ったものです。リストを見ながらお子さんのようすを書いてみましょう。お子さんが、関わってくるきっかけを見逃さないで！

チェックしてみよう！　お子さんが伝えようとしているようす

お子さんがあなたに次のようなことをして欲しい時どんなようすですか？
- ☐ これを「取って」（　　　　　　　　　　　　　　　　　　　　　　　　　　）
- ☐ これを「して」（　　　　　　　　　　　　　　　　　　　　　　　　　　　）
- ☐ これを「やめて」（　　　　　　　　　　　　　　　　　　　　　　　　　　）
- ☐ これを「あっちへやって」（　　　　　　　　　　　　　　　　　　　　　　）

関わりたい時どんなようすですか？
- ☐ 「こっちを見て」（　　　　　　　　　　　　　　　　　　　　　　　　　　）
- ☐ 「優しくして」（　　　　　　　　　　　　　　　　　　　　　　　　　　　）
- ☐ 「かまって」（　　　　　　　　　　　　　　　　　　　　　　　　　　　　）
- ☐ 「いっしょに遊んで」（　　　　　　　　　　　　　　　　　　　　　　　　）
- ☐ 「いっしょにいて」（　　　　　　　　　　　　　　　　　　　　　　　　　）

自分の関心をシェアしたい時どんなようすですか？
- ☐ 「これを見て」（　　　　　　　　　　　　　　　　　　　　　　　　　　　）
- ☐ 「ほら何かあるよ」（　　　　　　　　　　　　　　　　　　　　　　　　　）

何か言って欲しい時どんなようすですか？
- ☐ 「これはどんなもの？」（　　　　　　　　　　　　　　　　　　　　　　　）
- ☐ 「こんなことになってるよ／なっちゃったよ」（　　　　　　　　　　　　　）

何か教えて欲しい時どんなようすですか？
- ☐ 「これなーに？」（　　　　　　　　　　　　　　　　　　　　　　　　　　）
- ☐ 「どうしたの？」（　　　　　　　　　　　　　　　　　　　　　　　　　　）

5. 日々の生活の中に隠れているチャンスを見つけよう！

❋ 食事の時

　おなかが空いた時、もっと食べたいという時、お子さんはどうしますか？ 体や声をどう使って語りかけてきますか？「おなかが空いた！」や「もっと！」を例に、どんな表現があるか見て見ましょう。

- **身ぶり**　唇で「パッパッ」というような音を立てる、食べ物の方を見る、食べ物の方に手を伸ばす、食べ物を指差す、親の袖を引っ張って冷蔵庫の方に連れて行こうとする、食器棚によじ登って開けようとする、「もっと」や「食べる」とジェスチャーをする、など。

- **声**　泣く、「アー」などと声を出す、「バ、バ、バ」など喃語を発する、「もっと」と言おうとして「モ」と言う、「ママ」と言おうとして「マ」と言う、など。

❋ トイレトレーニング

　そろそろオムツ離れの時ですか？ オムツが気持ち悪い時やトイレに行きたいという時、お子さんはどのように表現しますか？ お子さんによっていろいろな表し方があります。

- **身ぶり**　表情で（オムツが汚れたことがわかって）、オムツを指差したり自分で脱ごうとする、がまんする、漏れそうという仕草をする、「おしっこ」、「うんち」、「オムツ」、「トイレ」などのジェスチャーをする。

- **声**　泣く、ことばにならない発語をする、「あーあ」で出てしまったこと、「シー」でおしっこ、「ウー」でうんちを表したりする、など。

✲ お風呂で

お風呂に入る時、何か言いたそうですか？ 髪を洗う時はどうですか？ お子さんが体と声をどう使っているのかよく見てみましょう。

例1：おもちゃのアヒルが欲しい時

- **身ぶり** 手を伸ばす、指差す、など。
- **声** 泣く、「ガーガー」といった発語かジェスチャーでアヒルを表す、など。

お子さんは声を出しながら物に近づいていくことで、自分の欲しいものが何かを伝えています。

例2：シャンプーの途中で、お子さんが嫌がる時

- **身ぶり** シャンプーをしようとする手を押しやる、など。
- **声** 泣いたり、叫んだりする。「イヤ」と言うかジェスチャーで表現する。

例3：楽しいお風呂で、石けんの泡を面白がっている時

- **身ぶり** 石けんの泡を見て、あなたを見て、また泡を見る。泡に手を伸ばしながらあなたを見る、など。
- **声** 石けんの泡を指差したり触ろうとしながら、うれしそうに「アワ」と言う。あるいは手話で「アワ」と表現する。

6. いつもの遊びの中に隠れているチャンスを見つけよう！

子どもからの関わり方は、遊びの中にたくさん見つけることができます。

✱ 手遊び

　洗濯物をたたんでいる時などに、タオルで「いないいないばあ」をしましょう。数回やった後、お子さんがどのように「もっとやって！」と求めますか？

- あなた→洗濯物→あなたという順に期待を込めた目を向ける
- まねをして洗濯物をかぶろうとしたり、あなたの方へそれを押しやる
- 続けてくれないことへの不満の表情、悲しい顔を見せる
- 「ばぁ」と言ったり、驚きの表情をして遊びの続きを求める

✱ ボール遊び

　ボールで遊んでいる時、どのように「ボールが欲しい」と伝えますか？

- ボールの方へ手を伸ばす
- 手足をバタつかせながらボールを見る
- ボールを意味するジェスチャーをする
- 「ボール」や「もっと」ということばを発したり、ジェスチャーで表現する

第3章 お子さんの「伝えたい！」という気持ちに応えましょう！

◀◀◀ 本章で学ぶこと ▶▶▶

1. 自尊心を促してあげよう！
2. 達成感を通じて、もっと対話をしたくなる気持ちを後押ししよう！
3. 対話を誘うように応えるって、どうしたらいいの？

1. 自尊心を促してあげよう！

　子どもは、周りの人々の自分への接し方によって自尊心を育んでいきます。大人の行動には特に敏感です。自分に親身に接してくれているか、おざなりの対応をしているかなど、つねに敏感に感じ取っています。

　お子さんは、私たちがことばとして理解できる「ことばらしいことば」（あるいは手話）を使い始める前に、いろいろな方法で意思表示をしています。例えば、視線を合わせることや、指差し、喃語を発することなどです。そうした（ことばになっていない）語りかけを理解しようと努めることで、「あなたのことを大事に思っているよ」「あなたにまっすぐ向き合っているよ」と伝えることができるのです。こうした姿勢こそが、お子さんの「自尊心の銀行」への大事な貯金となっていくでしょう。

　例をあげましょう。入浴中にお水をバチャバチャ飛び散らすお子さんにどう反応しますか？　お子さんはお母さんに一緒に遊んでもらいたいのでしょう。もし、お母さんが笑って遊びに乗ってくれるならば、お子さんは肯定的なメッセージを受け止めるでしょう。それは、「あなたはかけがえのない存在なのよ」「私はあなたと一緒にいるのが楽しいわ」というメッセージとなるのです。

子どもが言おうとすることを理解しようとするとき、子どもは自分が大切に思われているというメッセージを受け取っています。子どもの思いを受け止めることで「あなたはとても大切で、パパやママは心にかけている」というメッセージを子どもに送っているのです。

2. 達成感を通じて、もっと対話をしたくなる気持ちを後押ししよう！

　お子さんの「伝えたい！」という気持ちに応えてあげることは、お子さんの学びの後押しをしてあげることです。お子さんは「うまくいった！」という経験に励まされ、更に多くを語りかけてくれることでしょう。こうしてお子さんは、違った声の出し方、身ぶり、顔の表情、そして話しことばへと、対話への新しいやり方を開拓し、身につけていくのです。反対に、もしお子さんの語りかけが無視されたならマイナスの経験となり、せっかくの「伝えたい！」という気持ちは失われていってしまうことでしょう。

　お子さんが話せるようになることをあまりにも心配して、親が期待するような特定のコミュニケーションに対してのみ応答してしまうことがよくあります。例えば、お子さんの喃語を無視してしまうことがありますが、なぜでしょう？　それは「ことばらしいことば」を発することばかり期待しているからではないでしょうか？　また、顔の表情や身ぶりもお子さんの語りかけの重要な手段なのに、読み取ろうとしないこともよくあります。それもやはり、「ことばらしいことば」を発することを待ち望むあまり、お子さんからの大切な訴えである言語以前の語りかけ（前言語）を捉える心の余裕がなくなってしまっているからではないでしょうか？

　表情や身ぶり、行動などの意味することは確かに捉えにくいですが、コミュニケーションの土台となる大事な語りかけなのです。その語りかけを理解し、丁寧に応えていくことによって、お子さんが言語というより高度なコミュニケーション手段に移行できるように準備をしてあげましょう。

　お子さんからの言語以前の語りかけを見落としているかもしれない、と不安を持たれる方は、もう一度第2章に目を通してください。

3. 対話を誘うように応えるって、どうしたらいいの？

　お子さんが「ことばらしいことば」を発することができるようになる前の段階では、どんな風に応えてあげられるでしょうか？

● 目を合わせて微笑みかける
● 優しく触れる、なでる
● 伝えようとしている気持ちに対してうなずいたり、何かについて話そうとしている場合は、それを指差す
● お子さんの動きや表情、身ぶりをまねする
● お子さんが発する音声をまねする

　お子さんが「ことばらしいことば」を使い始めたら、こんな風に返してあげましょう。

● お子さんのことばや手話をまねする
● 何を話そうとしているのかを推測して「ことばらしいことば」に補って返す（例：ものの名前や動作を「あぁ、そうだね、ワンちゃんだね」「ワンワンってないてるね」とことばで表す）
● 求めているもの／ことに応じたり、だめな時はどうしてだめなのかを説明する

　「ことばらしいことば」を使い始める前の段階のお子さんが「伝えたい！」という気持ちを表す時、親がどう対話を誘うように応えられるでしょうか？ 例をいくつかあげてみましょう。

❋ シャボン玉を吹く

　お子さんはシャボン玉に気づくと目を丸くします。あなたを見つめ、それからまたシャボン玉に視線を戻します。

話しかけたり（あるいは手話をしながら）ほほえんだり、うなずいたり、まねしてあげることで、子どもとのコミュニケーションに応えることができます。

お子さんが伝えようとしていること	肯定的な反応の例
見て、ママ！ シャボン玉！	● 微笑んで、うなずいて、指差しながら「わぁ、シャボン玉だね！」と言う（ジェスチャーをする）
あれ、なあに？	● 子どもの「何かな？」という表情をまねする ● 「あれ、何だろう？」と子どもの代わりに言う ● 指差しながら「シャボン玉だね」と言う（ジェスチャーをする） ● シャボン玉を吹いて、「シャボン玉できたねー」と繰り返し遊ぶ
こわいよ	● 気持ちをくんであげて「こわいのね？」「大丈夫、こわくないよ」と安心させるように背中をさする ● 「シャボン玉、きれいねー」「きれいなシャボン玉ね」「シャボン玉を捕まえよう」と言い、楽しい関わり方を見せてあげる
もっとシャボン玉、やって	● 子どものうれしそうな表情をまねする ● 「もっともっとシャボン玉して！」と子どもに代わって言う ● もっとシャボン玉を吹く

❋ ゼンマイ式のおもちゃ

お子さんが車を触りますが動きません。不思議そうな顔であなたを見ています。

お子さんが伝えようとしていること	肯定的な反応の例
やって！ また車を動かして	● 視線を合わせる ● 「あれ、動かないよー」と子どもの代わりに言う（ジェスチャーをする） ● 「車さん、動いて」と言いながら（ジェスチャーをしながら）車を押す ● 手でねじを巻き、車を子どもに渡す
（車をよけて、別のところにハイハイし始める） もう遊ぶのは終わりにしよう	● 「はい、おしまいね」「おかたづけしましょう、ありがとう」と言う（ジェスチャーをする）

❋ ボールで遊ぶ

ボールで遊んでいます。ボールを手にして、お子さんが「バー、バー」と言っています。

お子さんが伝えようとしていること	肯定的な反応の例
ねぇ、お父さん 受け取る準備はいい？ このボールを投げるね	● 微笑み、子どもの頭をなで、「バー、バー」と声を出せるようになっていることを褒めてあげる気持ちで「バー」とまねする ● その後、「ボールね、ボールだね」「はい、いいよ。ボールを転がして」と言いながら（ジェスチャーをしながら）受け取る体勢になる
ボールと遊ぶのが好き	● 微笑む、ハグする、ハイタッチする、など ● 「ボールで遊ぶのは楽しいね。パパも大好きだよ」と言う（ジェスチャーをする）
これは私のボールよ	● 微笑んでうなずき、訴えていることがわかったよ、と伝える ● 「あぁ、○○ちゃんのボールなんだね、はい、どうぞ」と言いながら渡す

子どもがことばらしいことばを使わなくても、伝えてきていることに肯定的に応えることはできるのです。

✳ ぬいぐるみと遊ぶ

お気に入りの子猫のぬいぐるみを見ています。手を伸ばし取ろうとして指を動かしています。

お子さんが伝えようとしていること	肯定的な反応の例
そのぬいぐるみと遊びたい	● 「ねこちゃんと遊びたいよー！」と子どもに代わって言う（ジェスチャーをする） ● 「はーい、ねこちゃん、取って」と言いながら、子猫のぬいぐるみを渡す
（子猫のぬいぐるみを抱きしめて）ねこちゃんが大好き、うれしいわ	● 微笑んで気持ちを受け止めたことを伝える ● 「うれしい、ねこちゃん大好き！」と子どもに代わって言う（ジェスチャーをする） ● 「ねこちゃん、大好きよ」と言いながら子猫のぬいぐるみを抱きしめる

では、お子さんが次のようなメッセージを伝えようとしている時に、あなたはどのように反応しますか？　書いてみましょう。

練習問題 1 　お風呂の時間

お子さんが伝えようとしていること	肯定的な反応の例
あーん、熱いよう！	
ぴちゃ、ぴちゃ、わーい！	
私のあひるちゃんが欲しいよ！	
あれれ？ 全部ぬれちゃった	

練習問題 2　オムツを取り替えている時

お子さんが伝えようとしていること	肯定的な反応の例
いや！ オムツを取り替えたくない	
うわー、くさい	
ライオンだ！ お父さんのライオン、ちょーだい！（お父さんがかがむと同時にTシャツにプリントされたライオンを触る）	

子どもが発するメッセージに肯定的に応えているときに、子どもの自信や自尊心が育まれていきます。

練習問題 3	食事時間
お子さんが伝えようとしていること	**肯定的な反応の例**
もっと！もっと欲しい	
降りたい！下に降りたい	
バナナが欲しいよ！	
にんじんジュースじゃない 牛乳が欲しいの！	

　お子さんの発するメッセージは、ことば以外の多様な表現で表されています。何を伝えたいのかを理解してあげ、前向きに応えてあげることで、お子さんは自信をつけていきます。お子さんのコミュニケーション意欲と自尊心を育むために、こうした積み重ね以上のものはありません。

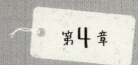

第4章 対話は触れ合える距離で

▶▶▶ 本章で学ぶこと ◀◀◀

1. なぜ近いことが大事なの？
2. 触れ合える距離ってどんな距離？
3. 対話のために心がけたいことをチェックしよう！

1. なぜ近いことが大事なの？

　対話に入るには、まずお子さんに近いところから声をかけることが大事です。触れ合える距離（あるいは触れ合いながら）だと、こんなにいいことづくめ！

- お子さんの注意を引くことができる
- 周りに音があっても、語りかけの声が際立つ
- お子さんに声が届き、伝わりやすくなるお子さんの目線に合わせることで、何に関心を向けているのかがわかる（第8章参照）

- 語りかける声と共に表情や体の動きからも、お子さんに伝わりやすくなる
- 近くで話すことで聞こえやすくなる
- お子さんが伝えようとしていることに真摯に向き合っていることが伝わり、親子の「絆」や「親密さ」が深まるとともに、自尊心が育まれる
- よく聴いて注意を払うこと（傾聴態度）のモデルとなる
- もっともっとお話ししたい！という気持ちを育てる

2. 触れ合える距離ってどんな距離？

- 忙しい中でも時間を見つけ、リラックスしてお子さんと一対一で向き合う時間をとりましょう。きっと対話がはずむようになりますよ
- ひざまずく、座る、一緒に横になる、前かがみになる、などしてお子さんの目線に合わせましょう
- 家の中でも、お子さんの遊ぶ場所や姿勢に合わせて楽な姿勢で一緒に過ごすことができるよう工夫しましょう。クッションや座布団、椅子などを活用しましょう
- まだ小さい赤ちゃんであれば、赤ちゃん用のハイチェアを用意したり、膝の上に乗せてもいいですね。抱っこ紐やベビーキャリアを使えば、前に抱っこすることもできます

息子は私が台所で働いているのを見るのが好きです。小さい時はハイチェアに座らせて、私がしていることを見やすいように、また、いっしょに何かをしやすいようにしました。大きくなってからは、補助椅子や踏み台を使ってカウンターに届くようにしてあげました。

3. 対話のために心がけたいことをチェックしよう!

- ☐ 補聴器や人工内耳の動作確認をしましょう。電源が入っていて、ちゃんと作動していますか?

- ☐ テレビのような騒音や他の人の話し声、犬の鳴き声、赤ちゃんの泣き声などが聴こえを妨げていませんか?

- ☐ 他に聴こえにくくしている要因がありませんか?例えば、今いる部屋はカーテンやじゅうたんなどがあり、音を吸収するようにできていますか?お子さんに聴力の低下がありませんか?

- ☐ お子さんに近い距離にいますか?1m以内でお子さんの耳の高さで話していますか?

- ☐ 視野に気を散らすものがありませんか? 例えば、おもちゃがたくさん目の前にあったり、動くものがあったりすると聴こえに集中できません。テレビのつけっぱなしなども要注意です

- ☐ 周りがクリアに見えていることも大事です。照明は適切ですか? 視覚障害はありませんか?

- ☐ お子さんの体調はどうでしょう? おなかを空かせていたり、体調が悪かったり疲れていたりしませんか? ベストコンディションでない場合は無理を強いることがないようにしましょう

- ☐ お子さんは音に意味があることに気づいていますか?例えば、名前を呼ぶと「自分が呼ばれた」ということがわかり、目線を上げる、振り向くなどしますか?

- ☐ 声をかけて、お子さんが注意を向けたり応えたりした時、どうしていますか?笑顔を返したり、うれしい・楽しいという気持ちにさせていますか?

- ☐ お子さんのことをよく見て、伝えようとしていることに気づき、それに肯定的に反応することで、聴こうという姿勢のモデルを示していますか?(たとえお子さんがまだ赤ちゃんで、泣くことが唯一の意思表示という前言語期のコミュニケーションの段階であってもです)

- ☐ 聴き取りやすくするテクニックを使っていますか? 例えば、抑揚のある歌うような声、生き生きとした話し方、視覚的なサポート(注意を向けさせたい対象を見せる)などが有効です

子どもから視覚的な注意向けさせるために、物を親の顔の近くに近づけて指差します。

- [ ] 一方的に話してはいませんか？ 対話は双方向、お子さんが反応して参加できていますか？

- [ ] 「待ってるよ、聴いているよ」感たっぷりの間をとり、キャッチボールのように順番に話せていますか？

- [ ] お子さんが「今」興味を持てそうな対象や話題を見つけてあげていますか？

- [ ] お子さんの言語レベル、または一つ上のレベルで対話をしていますか？

第5章

適度な声の大きさと速さを使って話す

◀◀◀ 本章で学ぶこと ▶▶▶

1. ちょうどいい声の大きさは、なぜ重要？
2. 何に気をつけて話せばいいの？
3. ちょうどいい速さの話し方は、なぜ重要？
4. ちょうどいい速さかどうかは、どうやったらわかるの？

1. ちょうどいい声の大きさは、なぜ重要？

　音が大きいか小さいかを意味するのに音圧（dB）を使います。ちょうどいい声の大きさ、つまり適度な音圧とは、お子さんが補聴器や人工内耳を着けている時に一番聞きやすい大きさのことです。

- ちょうどいい声の大きさで話してあげると、ことばを学びやすくなります
- 声が大きすぎる時は、話し方が不自然になりがちです
- 逆に小さすぎると、よく聴き取れません
- 大きい声が必要な時もあります。例えば、今すぐ子どもの注意を引くために「あぶない！」と言うような時です
- もちろん小さい声で話すのが自然な場合もあります。例えば、乳幼児のお子さんが寝ている時や、注意を引くためにわざとささやき声にする時です。また、小さい声を強調する内緒話の時もあるでしょう（ただし、ちゃんと声が聞こえ、理解していることを確認しましょう）

2. 何に気をつけて話せばいいの？

では、お子さんと話す時は、どうしたらいつもちょうどいい大きさの声で話しかけられるでしょうか？ いくつか提案します。

- 補聴器・人工内耳の電源が入っていて、作動していることを確かめましょう
- 普通に会話する時のような自然な発声で話し、必要に応じて大きさを変えましょう
- 背景雑音を最小にしましょう。テレビ、ラジオ、うるさいエアコンや騒音の大きい器具を消しましょう（カーテンやじゅうたんは、騒音レベルを小さくする効果があります）
- 療育・教育の先生や言語聴覚士などの専門家に訊いてみましょう。例えば、特定の子音と母音を組み合わせることで音声を強調する方法、ささやき声を使うやり方、もっと聴こえるように強調する話し方を教えてもらいましょう

部屋の中の騒音が大きいと、お子さんは聴き取りにくくなります。

3. ちょうどいい速さの話し方は、なぜ重要？

話しの速度とは、速く話すか、遅く話すか、ということです。

- ことばを学びつつあるお子さんには、はっきりと自然に、普段よりも心もちゆっくり話すように周りの人が気をつけましょう。ただし、誇張しすぎてゆっくり話しすぎないようにしましょう
- お子さんは見たこと、聴いたことを模倣しながら学びます
- 子どもは見たり聴いたりしたことを処理するのに時間がかかります。会話に応える前に、考えて理解するための時間が必要なのです

ちょうどいい速さで話すということは、お子さんに良い言語学習のモデルを与え、そこでお子さんが言語を処理するために必要な時間を与えているのです。

4. ちょうどいい速さかどうかは、どうやったらわかるの？

　一般に、人は自分にとって快適な速度で話します。つねに早口な人もいれば、ゆっくり話す人もいます。時に、心配だったり緊張したりすると話し方が速くなることがあります。逆に、何か強調したいことがある時や相手に伝わりにくいと感じた場合は無意識にゆっくりになります。

　小さいお子さんと話す時、人は自然と少しだけゆっくり話します。これは、子どもに対してお母さんやお父さんが使う話し方の特徴で、「母親語」（マザリーズ）または「育児語」といいます。子どもでさえも、自分よりも小さい年齢の子に対しては自然と少しゆっくりめに話していますよ。

　でも、自分の話し方が速すぎるのか、遅すぎるのかは、自分ではなかなか気づかないものです。他の人の話し方についての方が気づきやすいですね。ですから意識してチェックしてみましょう。

- 周囲の人にコメントしてもらいましょう
- 録音や動画撮影をして自分自身で聴いてみましょう
- お子さんの反応を観察し、自分の言うことがどれくらい伝わっているかチェックしましょう
- お子さんの話す速さに耳をすませましょう。速すぎたり遅すぎたりする場合は、お母さんの話し方をまねている可能性があります
- 療育・教育の先生や言語聴覚士などの専門家にターゲット音を話しかける時に、どう強調するのかを訊いてみましょう。例えば、もしターゲット音が /k/ だとした場合、/k/ という音があることばが出てくる時にはゆっくり話すようにするといいでしょう。最初の音を繰り返すようなこともいいでしょう。例えば、「カ、カ、カラス」などのように

親御さんの話し方を見ていると、ゆっくり話しすぎる親御さんより速すぎる親御さんの方が多いようです。早口になりがちだという自覚がある場合は、少しでもゆっくりめに話すように心がけましょう。成人の難聴者によると、早口な会話はことばが詰まりすぎて理解しにくいそうです。

早口で話しかけると伝わりにくくなります。

適切な速さで話してあげると、お子さんがお話をすることを学ぶお手伝いができます。

第6章

表現力を豊かにしよう！

◀◀◀ 本章で学ぶこと ▶▶▶

1. どうして表現力が大切なの？
2. 顔の表情はどうやって豊かにできるの？
3. ジェスチャーはどうやって豊かにすればいいの？

1. どうして表現力が大切なの？

顔や体はコミュニケーションのパワフルなツールですから、どんどん取り入れましょう。その効果はこんな具合です。

- 話しことば（あるいは手話）で伝えたいことをもっと強調できる
- 話しことば（あるいは手話）に、もっと多くの情報を付け加えられる
- 時には、話しことば（あるいは手話）の代わりになる

そのパワフルさについては、次のようなことがわかっています。

- 耳で聴くことばと目で見る表情がちぐはぐな場合、私たちは得てして見える表情の方により注意を向ける
- 話しことばのイントネーションは、話し手の感情や強調したいポイントなどを伝えるのに役立つが、難聴児には聴き取りづらい時もある。そんな時、表情をより豊かにすることによって、ことばでは伝えられなかった情報を補うことができる
- 表情豊かに話したりジェスチャーをつけたりすると、お子さんの注意力が持続する
- 小さなお子さんは、話したり、手話をするずっと前から表情や体を使って語りかけている（第2章を参照）

表情と体で豊かに表現しないと子どもに伝えたいことや気持ちが伝わりません。

2. 顔の表情はどうやって豊かにできるの？

　子どもだけでなく、大人だって好き嫌いはありますし、苦手、得意も人それぞれ。表情豊かにと言われても、「えーっ！？」と思ってしまう親御さんも少なくないでしょう。でも投げ出してしまう前に、お子さんにとって表情豊かな語りかけがどれだけ大事かということをもう一度思い返し、できる範囲で気をつけてみてください。

　いくつか役に立つかもしれないアイディアをあげてみます。

- お子さんと二人だけの時に、いつもより大げさに表情をつけてみましょう。誰も見ていないところで練習して、笑顔や怒った顔が自然にできるようになったら、お子さんに向き合った時、自然とそうした表情ができるようになります

- 鏡に向かっていろいろな表情を作ってみましょう。手始めに、うれしい顔、悲しい顔、ワクワクした顔、驚いた顔、怒った顔、疲れた顔をしてみましょう。それができたら、不思議そうな顔、がっかりした顔、興味津々の顔、退屈した顔、腹ペコの顔を試してみます

- 「当てっこゲーム」をしてみましょう。家族で順番にいろいろな表情をし、どんな気持ちを表しているか当てっこします。自分が他の人の表情を読み取る練習にもなります

> **ヒント**　お子さんと向き合うことの多い場所、例えばオムツ替えの場所やベビーチェアを置いているところなどに鏡を置いておくと、お子さんと向き合う時の自分の顔をさりげなく、日に何度もチェックすることができます。

- 動画を撮影してみましょう。日常の1コマを撮影して、時間の余裕のある時に自分の表情の変化について次のことをチェックします
    - はっきりとしていますか？ わかりやすいですか？
    - その場の状況に合っていますか？
    - 変化が速すぎないですか？
    - お子さんの見える位置でしていますか？
- 数週間後に同じように撮影してみて、自分の表情の使い方がうまくなってきたか確かめてみましょう
- 絵本を見ている時、登場人物の表情をお子さんに気づかせ、それをまねしてみましょう
- お子さんがいろいろな表情の意味がわかってきたら、ユーモアと創造力を膨らませてみましょう。大げさな表情をしてみたり、わざとトンチンカンな表情をしてみたりすると、お子さんはどんな反応をするでしょうか？ 一緒に笑い合えるといいですね！
- プロのやり方も参考にしてみましょう。観劇の時など、俳優がどのように表情やボディランゲージをしているかに注目してみます。もしデフ・シアター（ろう者劇団）を観る機会があったら、そのあふれるばかりの表現力に驚くことでしょう。成人のろう者や難聴者と話す時にも、身体表現の力強さを再発見できるでしょう
- ろう者の語りを動画で見てみましょう。地域の図書館やインターネットで探してみてください

3. ジェスチャーはどうやって豊かにすればいいの？

顔の表情と同じように、体の表現も難聴児の言語習得を助けるとてもパワフルなコミュニケーション・ツールです。

おそらく普段から、お子さんへの語りかけにはジェスチャーを使っているでしょう。ジェスチャーを意識してやることで、表現力は飛躍的に的を射たものになります。

次のことばについて、それぞれどんなジェスチャーや表現がともなうか、考えてみましょう。

こんにちは！	さようなら！	はい、そうね
シーッ（静かに！）	まったくもう！	だめよ！
イタタタタ！	おいで！	ストップ！
ちょうだい	あっち行って！	待って！
やったー！		

家族でジェスチャーゲームをしてみましょう。体の一部だけを使って単語やフレーズ（短い言い方）を表現しましょう。

足全体を使って	手を使って	指を使って
速く	うれしい	おいで
ゆっくり	怒っている	待って
登っているところ	おなかが空いた	だめよ
泥んこ道を歩いているところ	大きい	見て
水たまりを歩いているところ	小さい	かゆい
雪道を歩いているところ	私のよ	聴いてるよ
静かにしているところ	寒い	今考えてるところ
怒っている	ボール遊びをしているところ	こっちだよ
ワクワクしている	電話中	ちょうどそこだよ
恥ずかしい	バナナの皮をむいているところ	クッキーを食べたい
トイレに行きたい	高いところのものを取りたい	コンピューターで仕事中

　表情やジェスチャーを上手に使って対話をすると、言いたいことがよりよく伝わるようになるだけではなく、あれをしなさい、これをしなさい、といった指図や、何が欲しいの？何をしたいの？といった質問をしなくてすむようになります。

　その分、お子さんのしていることに寄り添い、お子さんが考えていることをくみ取ってお話をしたり、説明を加えたりすることができるようになります。こうしてお子さんのことばは伸び、自信も育っていきます（第11章で、お子さんの代わりに言ってあげたり、対話を促す質問をしたりすることについて詳しく触れます）。

第7章 手話などを併用する場合

▶▶▶ 本章で学ぶこと ◀◀◀

1. ゴールは何ですか？
2. 難聴児のコミュニケーションの選択肢は？
3. うちの子にはどれがいいんだろう？
4. 手話を併用して大丈夫なの？
5. 手話の併用をどう始めたらいいの？
6. 手話や他の視覚言語はどうやって習うの？

1. ゴールは何ですか？

　家族の会話が音声言語（手話をともなわない日本語の話しことば）の場合、難聴のお子さんにも「残存聴力*を使って話せるようになって欲しいな」と望むことが多いと思います。その場合、あなたは聴覚を上手に使えるようにする指導方法を学び、実践していくことで、お子さんの音声言語を伸ばしてあげられるでしょう。場合によっては、手話や絵カードなど、話し言語を何かしらの手段を併用して補うことが有効だと専門家にアドバイスされることもあるかもしれません。しかしどちらにしても、目標は言語力をつけてあげることです。

＊補聴機器を装用しなくても測定可能な残っている聴力

2. 難聴児のコミュニケーションの選択肢は？

　耳鼻科の先生、療育・教育の先生、言語聴覚士など専門家の指導を受け、お子さんは適切に調整された補聴機器を起きている時はずっと装用できるようになっているとします。また第2章でお話ししたように、親御さんがお子さんの音への気づきを促し、気持ちのやり取りを心がけているとすれば、すでにお子さんの音声言語習得への第一歩を後押ししています。その上で、お子さんにことばを伝えていくためにはどんな方法が最適だろうか？と日々模索しているかもしれません。実際、言語力の発達を促す方法にはさまざまありますから、できるだけ情報を集め、それぞれの特徴を理解することが大切です。そして、お子さんの能力や個性、専門家のアドバイス、実際に使っているところを見て、親御さん自身が自分たち親子に最適だと思われる方法を選べばいいのです。

どのコミュニケーション方法を選ぶかは、コミュニケーションによって何を目指したいかによります。例えば、人工内耳を装用しているお子さんとのコミュニケーションを考えた場合、装用時は聴いて話す力を伸ばしてあげるために音声言語で話しかけ、装用していない時（例えば、水泳の練習のような時）には手話も使う、といった使い分けも考えられるでしょう。基本的には、音声言語を選ぶご家庭、手話を選ぶご家庭、両方を何らかの形で併用するご家庭があります。

❈ オーディトリー・バーバル法（Auditory-Verbal Therapy: AVT）と聴覚口話法（Auditory-Oral Methods）

　難聴児との会話に音声言語だけを使うアプローチの典型は、オーディトリー・バーバル法と聴覚口話法（オーディトリー・オーラル法）です。これらの方法を行うには、ことばに現れる全ての音域をしっかりとカバーできる補聴閾値[*1]があることが前提となります（話しことばは、高さと大きさの異なる音によって作られています）。つまり、補聴器、人工内耳、ワイヤレス・システム[*2]などを使い、早期療育によって聴覚を刺激し、音を聴き分けて理解できるようにすることが大前提です。日々の生活の中で聴こえと発声や発語を伸ばしていくために、家族全員が協力して豊かな話しことばでやり取りをすることが求められます。オーディトリー・バーバル法と聴覚口話法は共に、聴こえを通した音声言語習得を目指します。特にオーディトリー・バーバル法は、視覚情報を与える前に聴覚情報を提示することで、聴く耳を育てるということを大切にします。ことばや音が聴き取りやすく、また楽しんで聴けるような環境で訓練を続けることで、お子さんは「聴こえる・わかる」という自信を積み重ねていけるのです。聴覚口話法は読唇などの視覚情報を併用することで聴覚活用を促す教育法です。

[*1] 補聴器や人工内耳を装用して聞こえるようになる最少の音の大きさのレベル
[*2] 話し手の声をマイクロホンから拾い、補聴器や人工内耳に付けた受信機へ送るシステムやループアンテナ内に磁界を発生させ磁場をつくり磁気コイル付補聴機器で聞くシステム

❈ キュードスピーチ（Cued Speech）

　キューというのは、聴こえだけ、あるいは読唇では区別のつきにくい音（例えば「カ」と「ガ」、「マ」と「パ」など）がことばの中に出てくる時、話し手が口の近くで手を子音の形（キュー）に示して、間違いやすい音の区別をさせる方法です。日本ではキューサインと言うこともあります。

❈ 手話（Sign Language）

　手話は一つの独立した言語です。世界中にさまざまな手話があります。北アメリカではアメリカ手話（American Sign Language：ASL）が使われます。ASL話者が、例えば中国手話を理解できるかというと、必ずしもそうではありません。ASLは他のどのような言語に

も劣らない独自の文法や表現の豊かさを持ち、ろう文化の中で歴史的に熟成してきた言語であり、ろう者たちのアイデンティティとなっています。

英語で表現できることでASLで表現できないことはありません。ですが、ASLは視覚化された英語ではありません。英語とは語順も違います。英語にはない独特な特徴や規則を持っています。身ぶりや表情もASLでは大切な役割を持っています。このように英語とは異なる独自の言語ですから、英語を話しながらASLで表現するということはできません。

❊ MCE (Manually Coded English)

MCEと呼ばれる英語を手の動きによって可視化する方法があります。独立した視覚言語ではなく、単に音声言語を手の動きで表現したものです。ASLから取り入れた語彙も使用されますが、表現される英語の単語の頭文字を手話の前に加えたり、名詞の複数形や動詞の語形変化（進行形、過去形など）を指文字で表現したりします。

難聴児をもつ健聴の親御さんで、自分たちの言語をそのまま可視化できるということでMCEを使う方もいます。また、お子さんの難聴が進行性であったり、後天性である場合、習得した音声言語を忘れないためにMCEを使うというケースもあります。

❊ 対応手話（音声言語の文法に対応する手話）
　　（Sign-Supported Speech and Language）

ASLの語彙を用いて、それを音声言語の語順で表出することで、話しことばを視覚的に表す方法があります。これは、手話を知らない親御さんが初めて手話を学び始める時には、音声言語とは異なる文法を持つASLよりも馴染みやすい方法です。発語や言語習得を補う形でこうした対応手話を使うことは、コミュニケーション能力の発達を遅らせるものではない、という研究があります（諸説あり）。補聴機器を着け続けることができないお子さんの場合、また、言語習得が遅れがちな場合など、対応手話のような視覚を使うコミュニケーション方法が適していることが少なくありません。新生児の聴覚を検査して難聴の早期診断が可能になる一方、乳幼児期に診断されずに言語習得が遅れてしまうお子さんのケースも後を絶たないのが現実です。難聴の診断が遅れたお子さんの場合、言語の遅れから生じるさまざまな問題が懸念されます。親御さんが対応手話を学び、お子さんが補聴機器を使って聞く経験と聴く力を養う間、ことばによるコミュニケーションの支えとすることも理にかなっているといえるでしょう。また、年齢相応の言語力がありながら音声言語での表出が遅れている場合などにも、お子さんが周りに理解してもらえないことで屈折した気持ちにならないよう、対応手話は有効かもしれません。

音声言語の習得を目的として、騒音下や補聴機器が使えない時などの支援として、また、聴覚口話のみのコミュニケーションへの橋渡しという考え方として、対応手話が有用である場合があります。

　難聴診断が遅れたことで、言語習得が遅れてしまったお子さんの場合や、聴こえ以外にも言語習得を困難にする要因のあるお子さんの場合は、学習能力・発達・補聴効果などの評価に基づいて、対応手話を加えてお子さんの話しことばの発達を促していけるように心がけたいものです。お子さん自身もわかり合えることで自信がつき、発音が不明瞭であるといった理由で疎外感を持つことも少なくなるでしょう。

　親御さんは、母語話者から手話を学び、自分にとっての母語である音声言語でお子さんに話しかける時、手話表現を併用して相互の理解を深めていきましょう。

❋ バイリンガル・バイカルチュラル教育 (Bilingual / Bicultural Approach)

　二言語・二文化主義と呼ばれることもあるこの考え方では、ASL（日本では日本手話）による学校教育を推進します。英語（日本では日本語）は第二言語として、読み書きを通して教えます。二つの言語を学ぶことで、手話を使う人々、また音声言語を使う人々の文化と伝統を共に尊重し理解することを目指す教育です。

❋ ピジン手話 (Conceptually Accurate Signed English: CASE)

　ASLの語彙を英語の語順に入れて表出しますが、英語の細かい文法規則は落として、キーワードを表出します。

❋ 同時法 (Simultaneous Communication)

　音声言語と対応手話とを同時に表出するコミュニケーション方法です。

❋ トータル・コミュニケーション (Total Communication)

　お子さんが最もコミュニケーションをとりやすい方法を使えば良い、という考え方です。音声言語を聴く、話す、読唇、手話、指文字など、さまざまなコミュニケーション方法が使われます。

日本においてASLに当たるものが日本手話です。テレビなどで見る通訳用の手話は日本語対応手話といいます。

3. うちの子にはどれがいいんだろう？

　お子さんが難聴であるという診断を受けた親御さんは、一体どうやって我が子と意思疎通を図ればいいのだろうか？と迷い、途方に暮れてしまうものです。そして、コミュニケーションの方法を選んだ後も、その判断は正しかったのか？と悩み続けます。実は誰でもそうなのです。だから悩んでいることで自分を責めることはありません。大事なことは、どのコミュニケーション方法がこの子に最も適しているだろうか、ということを含めて、お子さんの学びをしっかりと定期的に検査してもらうことです。何が正しいかはお子さんの成長によって変わってくることもあるでしょう。ですから、つねにチェックしておくことでお子さんの成長の段階に最も適した判断をすることができるでしょう。

　子どものコミュニケーションの発達は、前言語期と呼ばれる段階を経て、言語期という段階に移ります。どのお子さんも前言語期のコミュニケーションから入ります。前言語期のコミュニケーションとは、きちんとことばが使えるようになる前のさまざまな表現を指します。これらはことばでの「やり取り」への入り口として、とても大事な時期です。

　例えば、赤ちゃんがあるものに向かって手を伸ばす、声を出す、視線を向けるとします。そうすると親御さんはそれに応えて、抱っこしてあげる、食べ物を口に入れてあげる、欲しがっているものを手渡してあげる、などの対応をします。これは、手を伸ばす、声を出す、視線を向けるということば以前の方法で発信されたメッセージを受け止め、お子さんの伝えようとする気持ちを後押ししてあげているのです。赤ちゃんからそうしたメッセージが出されたらすぐに応えてあげましょう。更に、その対応が赤ちゃんの気持ちにぴったりと合った時には、きっと赤ちゃんはもう一度メッセージを送ってくれることでしょう。

　こうした前言語期のコミュニケーションは、言語期にことばや手話を使って抽象的な思考やユニークで創造的な考えを伝える能力を育てることができます。

　同じ年齢の子どもたちが、音声であれ手話であれ「ことば」によるコミュニケーションを始めたら、お子さんも「ことば」によるコミュニケーションを習得することが必須です。手話は、大脳の言語中枢を刺激しながら、ことばの成長に必要なコミュニケーション方法を提供します。

　聞こえるお子さんの場合、1歳の誕生日から2歳までの間に「話しことば」によるコミュニケーションが始まるのが普通です。それまで、周りの人々からの語りかけをたくさん聞き、また、指差す、手を伸ばす、喃語を話すなどの前言語期のコミュニケーションをたっぷり練習してきた後に、ようやく「話しことば」の段階へと進んでいくのです。

親子でどのようなコミュニケーションをとっていますか？ チェックしてみましょう。

チェックしてみよう！

	前言語期	言語期
言語活動	☐ 泣く ☐ 喃語（「グー」や「オー」など） ☐ 同音を重ねる喃語（「ダダダ」や「ウーウー」など） ☐ 異音をつなげる喃語（「アーバー」や「バーブー」など）	☐ 発語
非言語活動	☐ 視線を合わせる ☐ 手を伸ばす、指差す ☐ 表情や体で表現する ☐ ジェスチャー	☐ 手話

　お子さんが難聴だけでなく、視覚障害を持っている場合は、視覚訓練・聴覚訓練の他に触覚による手話表現を学ぶ必要があるかもしれません。また、身体的または精神的な重複障害がある場合には、どのような学びの形が最も良いのか、話すことや手話の動きができるのかを見極めてあげることが大事になります。

　お子さんが学ぶための適切なコミュニケーション方法として、音声言語／手話／音声言語と手話の併用のどれを選ぶかは、それぞれのお子さんとそのご家族によって違ってきます。音声言語と手話のどちらも使うことでコミュニケーションの方法が広がり、お子さんがより大きな可能性を得られると考えるご家庭もあるでしょう。手話が橋渡しとなり、音声言語の習得にはずみをつける場合も多くあります。

　手話についての疑問や懸念がある場合は、ろう者や難聴者に相談してみてはどうでしょうか？ 成人のろう者や難聴者、療育・教育の先生や言語聴覚士などの専門家、ろう児や難聴児の親御さんなどが、さまざまな意見を持っているでしょう。お子さんのために初めて手話を使ってみようとするなら、専門家や経験のある家族や友人などからの情報やサポートが欠かせません。

4. 手話を併用して大丈夫なの？

　難聴のお子さんに手話を使うことについては、さまざまな戸惑いがあるかもしれません。例えば、

- 自分は手話ができないし、手話をちゃんと身につけられるか不安……
- 手話を使うっていうことは、この子は本当に聞こえていない子だと思われちゃう……
- 周りに手話ができる人は誰もいないから、誰もこの子とお話ししてくれないかも……
- 恥ずかしい、周りから変な目で見られてしまう……
- 手話を使ったら、子どもは聴いて話せるようにならないのでは……

　手話を使うと、聴いて話す力が速く伸びないのでは？　音声言語がうまく伸びないのでは？と不安に思うご家庭は少なくありません。こういった不安を裏付ける結果も、打ち消す結果も、諸説あります。一般的に言えることは、補聴機器が最良の状態で（つまり言語音を届けられる状態で）音声言語での話しかけがあれば、聴いて話す力がついていくということです。しかし、さまざまな事情で手話の併用が有効である場合もあります。初めは、子どもに伝わりやすい手話を取り入れることで、お子さんとの意思疎通が円滑になる場合もあります。その場合、お子さんの聴いて話す力が伸びてくると徐々に手話を使わなくなるようです。また、手話も音声言語もケースバイケースで使い分け続け、両方のコミュニケーションができるようになったというご家庭もあります。起きている間、補聴機器を装用することが難しいお子さん、言語習得が遅れがちなお子さんには、手話、または他の視覚的コミュニケーションが必要となる場合もあるでしょう。

5. 手話の併用をどう始めたらいいの？

　いざ手話を取り入れようとしても、どこから始めればいいの？と不安に思うかもしれません。そんな時は、お子さんが伝えたいことは何かを考えてみてください。

- 欲しがっている、感じている、必要としている
  例：「ジュース欲しい」「ボール、おもしろそう」「あーん、痛いよう！」
- いつでも心の拠り所である人に関心が向いている
  例：「パパやママはいつも大事」
- 今、この瞬間に、関心が向いている
  例：通りがかったねこちゃん、近くにいる赤ちゃんなどに興味津々！
- ○○はどこかなー？
  例：「ママはどこかな？」「おくつはどこかな？」
- ○○がなくなった、いなくなった
  例：「りんご、なくなったね」「おぼうし、脱いじゃった」「パパ、いなくなった」
- 何かが繰り返される、見つかる
  例：「またおんぶするの？」「もう一回？」
- 誰かのもの
  例：ぼくのクマさん、赤ちゃんのガラガラ

　つまり、お子さんが今最も関心を寄せていることやものを手話で表現してあげればいいのです。それは身近な人やその人のしていることかもしれないし、お子さんのしたいこと、して欲しいことかもしれません。ですから「どこ？」「だめ」「ないないね」「もっと」「私の」「あなたの」などのことばは、手話でしっかりおさえておきましょう。

第7章　手話などを併用する場合

次の表を使って、お子さんとのコミュニケーションに大事な手話の語彙をメモしましょう。

お子さんのようす	語彙（手話）
何を欲しがっている／してもらいたがっているかな？	
何に興味を引かれているかな？	
何を感じているかな？	
誰が大切な人かな？	
何か／誰かを探している時、何を思っているかな？	
何かが繰り返される時、何を感じているかな？　何度も繰り返している遊びって何かな？	
誰かのものっていうことがわかっているかな？	
他に伝えようとしていることはあるかな？	

6. 手話や他の視覚言語はどうやって習うの？

　これまで相談してきた療育・教育の先生、言語聴覚士などの専門家に訊いてみましょう。視覚言語の専門家や手話や他の視覚言語を学べるところを紹介してくれるかもしれません。手話を学ぶ時には、手話で日常会話のやり取りができる人や手話を母語のように話せる人に指導してもらいましょう。手話を母語とするろう者や難聴者であれば理想的です。また、地域の手話サークルや講習会、DVD、ソフトウェア教材などにも良質のものがありますから、ぜひ活用してください。手話への手がかりができたら、手話辞典を参照することもお忘れなく。

お子さんの話し相手になろう！

これまでの章で、お子さんに語りかける時（または手話をする時）に、どのようなやり方をするとお子さんにわかりやすく「伝え合うことができるか」について学びました。あなたはきっと難聴のお子さんと上手なやり取りができるようになってきたことでしょう！

これからは、あなたがお子さんにとって会話のキャッチボールができる良い話し相手となるためにはどうしたらいいか考えていきましょう。お子さんの関心や興味に寄り添い、あなたの語りかけをお子さんの理解のレベルに合わせ、相互にやり取りしながら、指図や質問よりも説明をしてあげる。こんな工夫をしていくと親子で心から意味のある対話を楽しめるようになるでしょう。

・—・—・—・—・—・—・—・—・—・—・—・—・—・—・—・—・—・

第8章　お子さんのワクワクに焦点を合わせましょう！
第9章　ことばかけは長すぎず、難しすぎず
第10章　対話はキャッチボール
第11章　質問・指図・言語化
第12章　発音・語彙・文章表現のお手本を示す

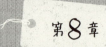

第8章
お子さんのワクワクに焦点を合わせましょう！

▶▶▶ 本章で学ぶこと ▶▶▶

1. 子どもとどう付き合うといいの？
2. どうしてこちらが子どもに合わせる方がいいの？
3. 子どもへの向き合い方をチェックするには？
4. 遊びや会話の導き方は？

1. 子どもとどう付き合うといいの？

- まずお子さんのすることをしっかり見てあげましょう。何を感じているのかな？ 何を考えているのかな？ 行動、表情、ボディランゲージ、目線など、言語以外のメッセージにも気をつけて
- 周りで起こっていることにも注意を払いましょう。お子さんが何か気づいたことがあるのか、誰と何で遊んでいるのか、今起こっていることは新しい経験なのか、など
- こうした観察から、今、してあげたい語りかけが出てきます。語りかけ、あるいは手話で伝えましょう

2. どうしてこちらが子どもに合わせる方がいいの？

　この疑問は「私が必要だと思うことばを教える方がいいのでは？」という疑問と抱き合わせですね。私たちはつい大人の判断で子どもの関心を引こうとしてしまいます。ところが、子どもの言語習得を研究している専門家によると、子ども自身が興味やニーズを持っていることに関して大人がことばかけ、あるいは手話をしてあげると、最も効率よく学べるということがわかっているのです。

　もう少し具体的に説明しましょう。

- 今見ているもの、感じていること、聞いていること、していることが、ことばと結びついた時、そのことばの意味が学習される
- 今興味を持っていることならば、かけたことば、あるいは手話を興味を持ってまねしようとしてくれる
- 興味があれば会話を長く続ける
- 関心を分かち合ってもらえた喜びが自信や自尊心を育む

　お子さんの興味に合わせる、心の動きに寄り添うといっても、すんなりとはできないかもしれません。私たち大人は、自分の興味や予定に子どもを合わせようとすることが習慣になってしまっているからです。

　ちょっと立ち止まって、お子さんの心や体の動きを読んであげましょう。何を考えているのかな？　何を感じているのかな？　そうすると、今かけるべきことばや手話が自ずとわかってくるはずです。

> 初めは、子どもの興味に合わせるのは容易ではありませんでした。「教えてあげなきゃ」と思い込んでいたからです。うちの子は２歳近くになるまで難聴とはわかりませんでした。ですので、この子に合わせるなんて時間の無駄、ちゃんと一つずつ教えなきゃ、と思っていたのです。でも、実際にやってみて、本当に子どもに合わせていく方がうまくいくと納得できてからは、肩の力が抜けました。集中していることに気づいてあげて、そこにうまくことばを乗せていくと、すんなり覚えてくれることがわかったのです。

3. 子どもへの向き合い方をチェックするには？

　難聴のお子さんをもつと、遊びの時間でも一瞬たりとも無駄にしてはいけないとつい躍起になってしまうものです。学んで欲しいと願うあまり、遊びに介入しすぎて、あれをしなさい、これをしなさい、と指図したくなってしまいます。一度そういった癖をつけてしまうと、修正は容易ではありません。子どもの興味や関心に合わせるという子育ての指針をなかなか受け入れられなかったという親御さんは少なくありません。

　お子さんと遊んでいる時の自分の振る舞いに、ちょっと意識を向けてみてください。特定のおもちゃや遊びに誘導しようとしていませんか？　お子さんが決める前に、その遊びを終わらせようとしていませんか？　お子さんが楽しんでいたらそのまま楽しませてあげていますか？　親が飽きてしまったからといって、お子さんに他のことをさせようとしていませんか？

私たちは自分で気づいている以上に指図しているものです。友人や家族の誰かに、お子さんと遊んでいる時の自分のようすを観察してもらいましょう。

次のチェックシートに、親が遊びの流れをコントロールしようとしている時、逆にお子さんに流れを決めさせている時を記録してもらいます。その評価を受け取ったら、じっくり眺めて見ましょう。自分で満足できる結果ですか？ もしそうでないなら、次の遊びの時間に意識して直してみてください。お子さんの興味に合わせて遊びが進行する回数を増やし、あなたがコントロールしようとする回数を減らします。もちろん、無理は禁物です。慣れるまでに数週間かかることだってあります。焦らず、自分のペースをつかみましょう。

コントロールしようとした時	子どもに合わせた時
ブライアンが新聞紙を頭の上に乗せた時、床にあるトラックについて語りかけをした	ブライアンが新聞紙を頭の上に乗せた時、「お帽子ができたねー」と語りかけた
サリーが「お人形さん、エーンエン」と言ったのに、泣いている人形のごっこ遊びに乗らず、「ガォー、大きなトラだぞー」と全く別の語りかけを始めた	サリーが「お人形さん、エーンエン」と言って泣いている人形のごっこ遊びをしているので、「お人形さん、泣いてるね、どうしたの？おなかが空いたのかな」と語りかけた

4. 遊びや会話の導き方は？

ここにサラとお父さんの会話が二種類あります。お父さんと遊んでいる時、何が気になったのか、サラは靴下を脱ごうとしています。(A) は、お父さんが遊びの流れをコントロールしようとしている例、(B) は、お子さんの興味に合わせている例です。

(A) お父さんが遊びの流れをコントロールしようとしている例

サラ	お父さん
一生懸命、靴下を脱ごうとしています	←「ほら、サラちゃん、積み木を積んでごらん」
「あーん！」 サラはなかなか上手に脱げなくて イライラしています	←「ほら、サラちゃん、おいで」
パパを無視して靴下と格闘し、脱げた時、 にっこりします	←「ほら、積み木だよ。たかーいね！ もっと高くしてみよう」

(A) の例では、お父さんの語りかけがお子さんの集中していることに合っていません。サラが今まさにしていることを取り上げなかったため、新しいことば、あるいは手話を学ぶ貴重な機会を逃してしまっています。

次の（B）では、お父さんがサラの興味に合わせています。

（B）お父さんがお子さんの興味に合わせている例

サラ	お父さん
一生懸命、靴下を脱ごうとしています	← 積み木をしようとしていたお父さんは、サラちゃんの方にやってきます
「あーん！」 サラはなかなか上手に脱げなくてイライラしています	← 「くつしたをぬぎたいの？ ぬげないね、くつしたをぬぎたいね」
お父さんの方を見て、靴下を見て、そして視線をお父さんに戻します	← 「よいしょ、よいしょ、サラちゃんのくつした、ぬげるかな？」
やっと靴下が脱げ、お父さんの方を見てにっこり。「脱げた」「できた」などのことば、あるいは手話を発しようとするかもしれません	← 「わー、できたね。サラちゃん、自分でくつしたがぬげたね。じょうずだね、えらいね！」

　（B）の例では、親子で同じ体験をしながら、サラの感じていること・考えていることがお父さんの語りかけの主題となっています。サラの言いたい（であろう）ことをお父さんがくみ取って、ことば、あるいは手話にしてあげています。自分が体験していることを表すことばを与えられたサラは、すんなりと新しいことばの意味がわかり、こうした体験の積み重ねから、聴いたことば、あるいは手話をまねして使おうとするようになるでしょう。

　このように、お子さんが集中していることをよく見て合わせていくことは、とても大切なコツなのです。

何とか話せるようにしてやりたいと、つねに私のやって欲しいことをさせ、言って欲しいことを言わせようとしていたのです。でも、がんばってやってみてよかったです。気持ちの向いている方に合わせてことばをかけた時の方が、言わせようと躍起になっていた時よりずっとすんなりと新しいことばを反復してくれるようになって驚きました。それに、子育てがずーっと楽しくなったんです！

お子さんの心の動きに寄り添ってあげると、こんなにいいことづくめ！

- お子さんは、あなたも一緒に感じ・考えていることがわかり、安心できる
- お子さんの話すこと／することそのものがとても大事なことよ、と伝えられる
- 新しいことば、あるいは手話の意味や表現を学ぶことができ、まねしてみようという気持ちが芽生える
- 気持ちが一つになっている安心から、一緒に遊ぶ・楽しい会話をする時間が長くなり、その分更に新しいことばの意味や表現を学ぶ機会が増える

 お子さんの心の動きに合わせるというのは、やりたい放題に何でもやらせるという意味では決してありません。何にも興味が続かず次から次へと放り出してしまうような場合には、親御さんが集中して遊ぶ姿を見せる必要があるかもしれません。例えば、しっかり膝の上に前向きに抱っこして、手を添えて一緒におもちゃを動かせば、「寄り添っているよ、一緒にやろうよ」というメッセージになり、お子さんを無視して「これをやりなさい」と指図するのとは違ってきます。

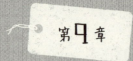

ことばかけは長すぎず、難しすぎず

◀◀◀ 本章で学ぶこと ▶▶▶

1. ことばを学ぶって、どうしてそんなに難しいの？
2. なぜことばかけを調整するの？
3. ことばかけのちょうどいい長さって？
4. ことばかけの複雑さの調整って？

1. ことばを学ぶって、どうしてそんなに難しいの？

ちょっと想像してみましょう。

あなたは、人が大勢いる部屋にいます。周りには聴いたこともない、いろいろな外国語を話す人ばかり。そこで3週間生活しなければなりません。食べる、寝る、交流する……全てことばのわからない人たちと一緒にします。

1週間が過ぎる頃には、2〜3の単語がわかるようになっているでしょう。でも主に会話の状況やジェスチャー、声のトーンなどのヒントから、他の人が言っていることを推測するしかありません。誰かが話しながら何かを指差し、同じことばを繰り返すようなことがあれば、そのことばの意味を学ぶことができます。

2週間が過ぎ、日々繰り返されることについては大体何と言うのかわかってきました。昼食、就寝、お風呂などの単語です。「疲れた」「これおいしいね」といった短い文なら理解できます。でも自分で言えるのは片言のみ……。

3週間目の終わりが近づいても、会話の理解はいくつかのキーワードに頼らざるをえません。自分からは主にジェスチャーや指差しでしか伝えられないので、欲求不満がたまります。もしここで、誰かが腰を落ち着けてあなたと向き合ってくれたらどうでしょう。あなたが感じていること、考えていることをくみ取って、短いことばで表現してくれたら……。とても心が和むのではないでしょうか？ 忍耐強くあなたを理解しようとし、あなたがわかるレベルのことばに置き換えてくれる、そんな貴重な友人に対しては、感謝の念しかありません。

さて、難聴のお子さんの状況に置き換えてみましょう。周りの人の話すことばを学ぶことがどんなに大変かは想像に難くないですね。難聴であれば、聴き取れるヒントは少なくなりますし、重度難聴であれば周りの人が口をパクパク動かすことの意味を理解するのは

至難の技です。

　あなたはすでに母語をマスターした成人です。ところが、初めてことばを学ぶお子さんは、言語というもの自体を全く知らないのです。たとえ残存聴力があり補聴器で音が聞こえるというお子さんでも、多くの会話音は、もやもやと輪郭のない同じような音に聞こえるでしょう。音の弁別を習得していない場合はなおさらです。同じ音を聞いていても、あなたとお子さんとでは全く違う音として、聞いているかもしれないのです。特に内耳の障害による感音性難聴の場合は、聞こえたとしても歪んだ音になってしまいます。

　さて、「外国語を話す人ばかりの部屋」に話を戻します。先ほどの親切な友人があなたに「大きい」と「小さい」の違いを説明しようとして、腕や手を使ってジェスチャーをしてくれています。ジェスチャーのおかげで言っていることはわかりますが、外国語の「大きい」「小さい」ということばは、まだ耳慣れていないため、聞き取れません。耳慣れていないというのは、自分の母語にない音が含まれていて、何の音か捉えられない状況です。日本人は「like」という単語を「rike」と発音したり「like」と発音したりすることがありますが、これは日本語には /l/ と /r/ の区別がなく、日本人の耳にはどちらも「同じ」に聞こえるためです。

　つまり、初めてのことばを学ぶ場合、「大きい」「小さい」を表すジェスチャーを見ながら「大きい」「小さい」ということばを聴く、そのことがとても大事だということです。そうしているうちにことばの「音」に慣れ、それだけで意味がわかるようになります。そして更には、「大きい」という概念に「大きい」という音がリンクし、「小さい」という概念に「小さい」という音がつながります。それがことばを「習得した」という段階です。

　もちろん、お子さんの聞こえが良ければ、そうしたリンクを見つけ出して習得することがより容易になります。より多くの音情報をキャッチできるため、弁別が容易になるからです。

お子さんの聞こえが話すことを学ぶためには十分でない場合、手話を併用することで言語力・思考力を伸ばしてあげることが必要かもしれません。手話と音が結びついてくると、そのことによって音への感度が上がってくることがあります。

　つまり、お子さんに語りかけを理解してもらうためには、お子さんが理解できるレベルに合わせていくことが必要である、ということです。

2. なぜことばかけを調整するの？

　どのように話しかけるとお子さんは一番よく理解してくれるでしょう？ ご自分のお子さんに関しては、もう大体見当がついているかもしれませんね。では次の二つの例を見て、ジョニー（2歳の男の子）にはどちらがわかりやすいか、考えてみましょう。

例1　　　　　　　　　　　　　　例2

　例1では、なぜ片づけなければいけないのか、その後に何をするのか、といった情報をジョニーに届けようとしています。しかし、2歳のジョニーには情報量が多すぎてお母さんが何を言っているかわかりません。例2では、まずジョニーに呼びかけて意識を向けさせ、簡潔に何をすべきかを伝えています。

　では、お子さんの立場に立って考えてみましょう。お子さんが理解できるレベルに合わせた伝え方をすれば、言っていることは伝わります。そしてそのことで、お子さん自身も発信することに意欲を持つことができます。つまり、次のようなことも伝わるのです。

- お母さんは、ぼくのことをわかってくれている
- ぼくもお母さんが言っていることがわかる
- ぼくも答えていいんだ
- ぼくもちゃんとことばを使って伝えればいいんだ。わめいたりバタバタしたりすることはないんだ

3. ことばかけのちょうどいい長さって？

お子さんが理解できるレベルに合わせた言い方をすれば伝わる、と説明しました。テニスのコーチは、初心者の指導をする時、いきなり思いっきり打ち返したり、届かないようなコートぎりぎりのボールを打ったりはしませんね。同じように、お子さんがまだやっとぽつぽつと単語を言えるか言えないかという段階では、長い文で語りかけても伝わりにくいのです。初心者には、ちょっとがんばれば打てるような、まっすぐで優しいボールを打ち返します。そうやって、今のレベルよりほんの少しだけ難しい球を出す、これが初心者指導のコツです。

同様に、お子さんが文章で話そうとする時も、ほんの少しだけ上のレベルのことばや表現を与えてあげることが大事です。お子さんが少しがんばれば達成できるレベルに単語数を減らし、力を伸ばしてあげましょう。

数週間、数カ月ごとにお子さんの言語レベルを記録し、話しかけることばの長さを調節していきましょう。こんな具合です。

❋ ことばが出ていない頃

お子さんの言語レベル	話しかけるレベル	お子さんの表出とことばかけの例
前言語期 （ことばは出ていない）	単語	お子さんがボールを持っている 大人：ボールだね、ボール
1語文*（1語で言う）	2語文（単語を2つつなげる）	お子さん：ボール 大人：ボール、大きいね

＊1語に文のような意味が含まれる発話。「ワンワン」で「犬がいる」「犬を見て」などの意味を持つ

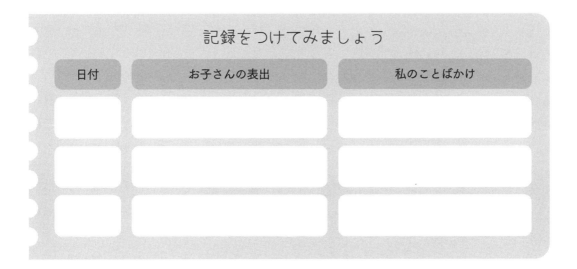

記録をつけてみましょう

日付	お子さんの表出	私のことばかけ

4. ことばかけの複雑さの調整って？

どうすればことばかけの複雑さを調整できるのでしょうか？ こんな具合です。

❋ お子さんが話し始めた頃

方法（初期）	調整前の言い方	調整した言い方
キーワードのみを言う	おくつはどこかなぁ？	くつは？
繰り返し言う	おくつを履いて	くつを履いて （お子さんが靴を履くのを待ち） くつを履いて （お子さんが靴を履いている間に） くつを履いて
選択肢を提示する	サンドイッチ、どれがいい？	ハム？ ツナ？ どっちがいい？
簡単な言い方にする	おくつを脱いだら、 靴箱に入れてちょうだい	くつ、靴箱ね くつ、脱いで、靴箱ね
表情やジェスチャー、 手話を使う	哺乳瓶、どこかな？	哺乳瓶、どこかな？と言い （あるいは手話をしながら） 探すようすをする 哺乳瓶、あった！と言い （あるいは手話をしながら） 戸棚を指差す
同じことを違う 言い方で伝える	おやすみ	おねんね／おねむー／おやすみ

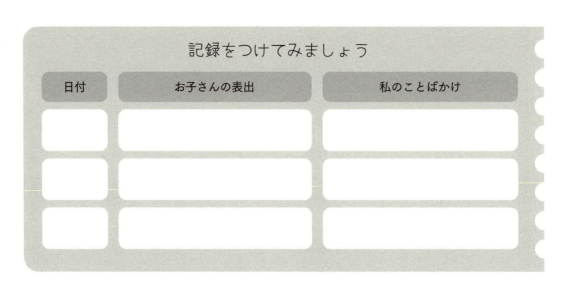

✲ 2〜3語文の頃

方法（後期）	調整前の言い方	調整した言い方
子どもが知っていることばを使う	テーブルの上のごちゃごちゃ、きれいにして	テーブルの上のおもちゃ、かたづけて
情報を付け加える	シャツを着て	赤いシャツを着て
部分に分ける	おやつの前に、踏み台を持ってきて手を洗いなさい	流し用の踏み台を持ってきてよーく手を洗ってはいできた、じゃあおやつだよ
部分に分ける、情報を付け加える	ごはんの用意、手伝って	テーブルにマットを敷いてお箸を並べて4人分よ
うなずいたり微笑んだり、言ったことを繰り返したりしながら子どもをサポートする		脱いだお洋服は洗濯かごに入れてね（お子さんが洋服を拾ったら）そうね、洗濯かごに入れてね、ありがとう

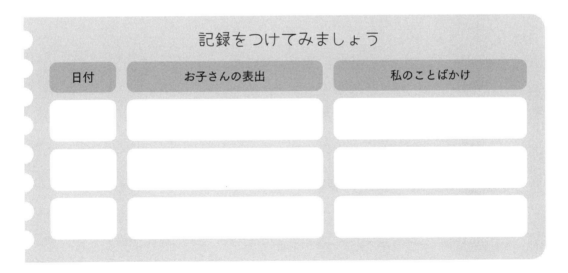

記録をつけてみましょう

日付	お子さんの表出	私のことばかけ

　難聴の他に障害があるお子さんにも、語りかけを調整することは同じように大切です。お子さんによっては、上記に示した発達段階をクリアするのに少し時間がかかったり、一段階に長く留まって次のステップがなかなか、ということもあるかもしれません。その場合でも、同じようにお子さんが理解できるレベルに合わせて話しかけます。

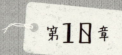

対話はキャッチボール

▶▶▶ 本章で学ぶこと ◀◀◀

1. なぜ交互に話すことが大切なの？
2. どうやったら上手に会話のキャッチボールができるの？
3. やり取りのコツは？
4. やり取りに乗ってきたことはどうやってわかるの？

1. なぜ交互に話すことが大切なの？

　会話の中で、私たちはいつも交互に話していますね。二人以上の場合でも順番はどうであれ一人が話し、その次に他の誰かが話す、というように話者が入れ替わって続いていきます。このように人の話を受けて自分も話せるということが、幼少期のコミュニケーション能力の発達にとても重要であることがさまざまな研究によってわかってきました。

　会話は、テニスや卓球のようなスポーツに似ていますね。双方が順番に球を打ち、相手に返すことでラリーが続きます。会話もそうやって順番に話すことで成り立ち、参加する者がバランス良く球を打つ番に当たることで、みんなが心地よく会話ができます。親子の会話も同じです。「語りかける⇄返す」の繰り返し。この章では、お子さんとの会話のキャッチボールが続くよう、どう働きかけたらいいかを学びましょう。

初めは難しいと感じましたが、交互に話すことを心がけて良かったです。一緒に遊んだり会話したりするのがずっと楽しくなったし、それに難聴の息子が兄たちやお友だちとの遊びにも参加できるのを見て感動しています。

2. どうやったら上手に会話のキャッチボールができるの？

　一番初めは、ことば以外の方法（非言語的なやり取り）で赤ちゃんとキャッチボールをします。ママがした動作を赤ちゃんがまねる時、それは「ママ⇄お子さん」という順番で仕草のキャッチボールを促しているということです。例えば、赤ちゃん椅子のテーブル部分をスプーンでコンコンと叩いてみましょう。それからお子さんにスプーンを持たせ、同じようにコンコンとするよう促します。その後ママがスプーンを持ってコンコン、またお子さんがスプーンを持ってコンコン……というように、ゲームのように順番でします。「ママの番よ」「次は○○ちゃんの番」というように声かけしてもいいですね。同様に順番のまねっこ遊びは、「いないいないばあ」をしたり、順番に手を叩く、など、いろいろな動作ですることができます。

　お子さんがおもちゃを押したり引っ張ったりして遊んでいたら、それを見てママの方からまねっこ遊びを始めるのもいいですね。その時「○○ちゃん、じょうず！ママもやってみよう」と声をかけながら動作をまね、「また○○ちゃんの番、やってみて」と声をかけてからお子さんがまねするのを促します。こうすることで、相手の発話を待って自分の番を始める、という会話の基本原則を示してあげることができます。

　動作のまねっこ遊びができるようになったら、徐々に会話のキャッチボールを始めましょう。会話においても基本は同じで、お子さんと交互にやり取りをします。お子さんが何らかの発声をしたら、その機会を捉え「伝えてくれてありがとう」という気持ちで微笑んだり、見つめて「はい、○○ちゃんの番よ」と声かけをして、待っているようすを見せ、お子さんの発声を促します。そうしたやり取りが何回か続くようになると、お子さんはことばによる対話を少しずつ学んでいくのです。

日常の何でもない音から遊びが始まります。

> ### 親御さんの体験から
>
> 人が関わることをとても嫌がる子でした。何かことばをかけたり手を出そうとすると、すごく嫌がるのです。あまりの惨敗続きに、面倒だから勝手に遊ばせておくことが多くなりました。でも今は、それではいけないと思っています。私たちの場合、ターニングポイントとなったのは、思った反応がないからとすぐ諦めるのではなく、私にもやらせてくれるまでじっくり待ってあげることにした時です。やっと順番がきた時に、短く、でも楽しそうにやってみました。そうやって少しずつ関わることができるようになったのです。
>
> ・・・・・・・・・・・・・・・・・・・・・・・・・・・・・・・・・・・・・・
>
> 「ことばのシャワーを浴びせなさい」と指導されていたんです。ですから、必死でことばをかけました。でも、それでは子どもが返事をする機会を奪っていたんですね。私を退け、無視するようになっていきました。何でもかんでも教えなくちゃと思い込んでいたので、この子なりに学んでいる姿が見えなくなっていたのです。「私ががんばらなきゃ」という不安を持っているのは私だけじゃない、そう気づいたことは大きかったです。少しずつ、対話のキャッチボールのコツをつかみ、今ではコミュニケーション（を強要する）独裁者を卒業し、コミュニケーション・パートナーになれたと思います。

　大人がやりがちな間違いは、この「待っている間」を置かないことです。ここはひとつ、じっくり構えて待ちましょう。子どもは大人が思っている以上に、反応に時間が必要だということを忘れずに！

　もしお子さんがキャッチボールに乗ってこないなと感じるようなら、まずは自分のお子さんへの関わり方を見直してみましょう。お子さんが話し始めないことを心配するあまり、こうしたら話し始めるだろう、ああしたら話し始めるだろう、と思ってしまうことがよくあります。ところが、こうした先回りの働きかけこそがお子さんを会話のキャッチボールに参加させにくくしているのです。例えば、「これは何？」「あれは何？」と矢継ぎ早に質問していませんか？　お子さんの遊びに全面的に介入しようとしていませんか？

3. やり取りのコツは？

次に親子で会話のキャッチボール上手になれるコツをあげますので、チェックしてみましょう。

チェックしてみよう！

- ☐ 交互に動作をする遊びをする。向かい合って座り、ボールを相手に向かって転がす、おもちゃの自動車を行ったり来たりさせる、手遊び（例：おせんべ焼けたかな）をする、投げキッスをする、リーダーのまね（例：動物の鳴き声）のゲームをする

- ☐ 何度でもやりたがるような大好きな遊びを順番にする

- ☐ 大人の番の時は短く、でもにぎやかに。お子さんが飽きて関心をそらせてしまわないようにする

- ☐ お子さんの番の時は、気長に待ってあげる

- ☐ お子さんの番の時は、促すような眼差しを向けて待ったり、ボールを指差したり、受け取る姿勢を取ることで待っていることを示す。または「〇〇ちゃんの番よ」と声をかける（あるいは手話をする）

- ☐ 遊びをリードしようとせず、お子さんの興味に寄り添う

- ☐ お子さんがまねできるレベルの動作・ことば（擬音語・擬態語を含む）を使う（あるいは手話をする）

- ☐ 質問攻めにしたり指図ばかりしたりせず、お子さんのしていることをことばにしてあげる

- ☐ お子さんが飽きてきた時はすぐに諦めず、「もう一度やり取りしたいなぁ」という気持ちになるように誘う

4. やり取りに乗ってきたことはどうやってわかるの？

　お子さんがやり取りに乗ってきているのに、親御さんが気づかないこともあります。親がことばらしいことば（あるいは手話）しか「反応」として捉えない時は、せっかくのサインを見逃してしまいがち。お子さんの働きかけは、すぐにそれとはわからないような小さなものかもしれません。そんな時でも気づいてあげ、上手に応えられるようになりたいですね。（第9章を参照）

❋ 乳幼児期のキャッチボール

　赤ちゃんが対話のキャッチボールをする時、次のような表現が見られます。

- 相手を見つめる
- 微笑む
- 瞬きする
- ミルクを飲むように口を動かす（または止める）

❋ 幼児期のキャッチボール

　もう少し大きくなると、対話のキャッチボールをするのに次のようなことができるようになります。

- 声を出す
- 相手の手を取る
- おもちゃを投げるなど、相手の注意を引く行動をする
- 相手を見る
- 動作やジェスチャー、声をまねする
- 指差す
- うなずく
- 自分なりの音を出したり、ジェスチャーをしたり、ことばを話したりする

　このように、やり取りをする、つまり双方向のコミュニケーションをとることができるようになることは、お子さんの言語発達にとって大きな一歩なのです。できるだけ早いうちに、こうしたやり取りの力が身につくようにしてあげましょう。

　もしお子さんがどうしてもやり取りに乗ってこないと心配でしたら、早めに専門家に相談してみましょう。

親御さんの体験から

私が「〇〇ちゃん、だーい好き！」と言って、あるいは手話をしてあげると「ママ、だーい好き！」と答えてくれる。我が家の一日はそうやって始まります。

第11章 質問・指図・言語化

◀◀◀ 本章で学ぶこと ▶▶▶

1. なぜ質問や指図を控えなければならないの？
2. お子さんと話す時に気をつけること
3. ことばを学ぶのに適した会話法は？
4. この語りかけでいいのかチェックしよう！

1. なぜ質問や指図を控えなければならないの？

　初めて会った人との会話を想像してみましょう。私たちはきっと多くの質問を交わし合いますね。大人同士では質問をすることで、まだ知らないさまざまな情報を得ることができるからです。

　小さな子どもと話す時も、私たちはたくさんの質問を投げかけます。もちろん、必要な質問もあります。例えば、「補聴器はどこに置いてきたの？ ママに教えて！」といった具合です。でも正直なところ、とっくに答えはわかっていることを尋ねていることが多いのではないでしょうか？

　ここで問題です。そうやって多くの質問を投げかけることは、はたして幼いお子さんが会話を学ぶことにつながっているでしょうか？

　親御さんを見ていると、多くの場合、赤ちゃんの頃には上手な語りかけをしています。例えば、赤ちゃんのぐずるようすを見て、「はーい、〇〇ちゃんはミルクが欲しいのねー」とお子さんの気持ちを言ってあげています。ところが、お子さんが成長してもなかなかことばを発してくれない、あるいは手話をしてくれない場合、つい心配になって答えを促すためにあれこれ質問したり、命令したり、指図するという悪い癖をつけてしまうのです。

　難聴のお子さんに対してはそれが顕著で、聞こえる兄弟姉妹に比べてずっと多くの指図や介入をしがちです。そうすることで言語の習得を後押しできると思うからです。でも、残念ながら逆効果になることが多いのです。

2. お子さんと話す時に気をつけること

ことばを学び始めの幼いお子さんと話す時に気をつけることは次の点です。

● 答えのわかっている質問をしすぎない
● ひとことで答えられてしまう質問はしない
● 本当にして欲しいことがある時以外は、指図や命令はしない
● 代わりに言ってあげる

次の (1) ～ (5) で詳しく説明しましょう。

(1) 答えがわかっているのに質問するってどういうこと？

「テストされているなー」と感じたり、「やらされているなー」と感じたりする時って、返事をするのが嫌ですよね。お子さんだって同じこと。

でも、答えがわかっているこんな質問をよくしていませんか？

● これなーに？
● これ何色かな？
● これ、名前は何だっけ？
● じゃあこっちはなーんだ？
● あれはボールかな？
● あれは誰だっけ？

「何？」「どこ？」「誰？」「何色？」などは、本当に答えが欲しい時にだけ使いましょう。お昼ごはんの献立を考える時に「今日のお昼は何を食べたい？」と訊くのはOKです。

(2) ひとことで答えられてしまう質問ってどうなの？

「うん」や「こっち」など、ひとことで答えられてしまう質問というのは、得てして会話の流れを滞らせてしまうものです。また、せっかくお子さんが伝えたいことがあるのに、長い文で話したり、会話のやり取りを学んだりする機会を奪ってしまいます。

そうした「残念な」例を次にあげてみましょう。全てひとことで片づけられてしまう質問で、会話を学ぶためにはあまり役に立ちません。

- これ何色？
- クッキー食べる？
- ねこちゃん、好き？
- あれはボールかな？
- シャボン玉、われちゃった？
- これ、○○ちゃんのワンちゃん？

親御さんの体験から

自分が息子をどれだけ質問攻めにしていたか、全く気づいていませんでした。何をどれだけ理解しているのか確かめたいと、色や物の名前といったことを質問していました。でも、息子が考えていることはちっとも話してくれないなと気づき、主人と相談して話しかけ方を変えたのです。答えを求めるのは控え、その時にしていることや起こっていることを、ことばにして言ってあげました。すると息子も、自分の思ったことやしていることを話してくれるようになったのです。全く驚きでした。でも考えてみたら当たり前ですよね。一日中質問攻めにされて快く答えるなんて、誰もできませんから。

(3) 本当にして欲しいことがある時以外は、指図や命令はしないこと

新しいことば、あるいは手話を教えようとして、いろいろと指図や命令をするのはさけるようにしましょう。日々の日課を促すために「〜をしてね」と言うのはもちろんOKです。お散歩に出かける時「おくつを履いて」と言ったり、遊び終えた時に「さぁ、おかたづけね」と言うのは、自然で必要な指図です。

ところが、ついやってしまうのが遊びや会話を誘導しようとしての指図や命令です。

例えば：

- 動物のおもちゃを前にして「牛さんはどれだか言ってごらん。牛さん、こっちに連れてきて」
- 積み木をしている時に「大きな積み木を上に乗せてごらん」

それぞれの例では、代わりにこういう風に声をかけてあげるといいですよ。

- 「あー、牛さんだね。牛さん「モー」ってないてるよ。牛さん、こっちの草はおいしいよー」
- 「わーじょうず！ 大きな積み木、上に乗せられたね！ さぁ、いくつ積み木が積めたかなぁ、数えてみよう。ひとぉつ、ふたぁつ……あれ、積み木が崩れちゃったよ」

(4) 代わりに言ってあげる、という考え方

お子さんのようすをよく見てみましょう。今、何に気持ちが向いていますか？関心の対象がわかったら、お子さんの心の動きに寄り添いながら、そのことを話題にしてあげましょう。お子さんがしている動作や気づいたこと、考えたり感じたりしていることを、ことばで表現してあげる。それが「代わりに言ってあげる」ということです。

例えば：

- 「わぁ、大きなワンちゃんだね。ワンちゃん「ワンワン」て吠えてる。ちょっとこわいねー」
- 「あー、青いクレヨンだね。青いクレヨンでグールグル、お絵かきしてるね。そう、グールグル。大きな丸がかけたね。ふーん、色もぬるんだね。青くなーれ！」

お子さんだけでなく、あなたがしていることや、考えたり感じたりしていることをことばにして言ってあげる、あるいは手話で表現するのもいいですね。これが言語と発声・発語、あるいは手話のモデルを示すことになります。

- 「さぁ、スープを飲もう。うーん、おいしい！ おなかすいていたから、スープがおいしい！」

このように、本当に起こっていることや、していることをことばで表してあげると、お子さんはことばによる表現を耳にして、あるいは手話を見て、実際の状況と結びつけることができます。指図に従ったり模倣したりすることを強いられなくても、「ことばを聴いて意味が伝わるってうれしいな」と感じてくれるようになります。お子さんが親の言ったことをまねして言ってみようとしたらシメたもの。これが自主的にお話しをする何よりの練習です。

また、ことばにして話してあげると、会話がどういうものかを学ぶこともできます。会話は、質問されたことに答えるだけでなく、その話題のやり取りを繰り返すなかで、相手の気持ちを知ったり自分で考えたりすることができます。その見本を、大人がコミュニケーションのパートナーとなって示してあげましょう。

お子さん「に」話しかけるのではなく、お子さん「と」話すことによって、お子さんのことばが育っていくのです。一昔前は確かに「話しかけて話しかけて、ことばのシャワーを浴びせなさい」と言われていたものでした。でも、実は大事な「コツ」を教えてもらっていなかったのではないでしょうか？　それは、話しかけると同時に子どもの話を聴くという姿勢、子どもが受け取って投げ返すようすを注意深く観察し、親の番の時には子どもが捉えやすい球を投げるという配慮、子と親が交互にやり取りする、といったものです。これがなくては会話を学んでいるとは言えません。

　お子さんが見ているもの、考えていること、感じていること、していること……。これをあなたがことばにしてあげる時、ベストな学びが可能になるのです。このことを忘れないで！

　お子さんのレベルに応じたことばかけの例を見てみましょう。

ことばが出ていない頃	話し始めた頃	ことばが育ってきたら……
ワンワンだね	犬が「ワンワン」てないてるね	大きな犬が大声で吠えてるね
エーンエン	泣いちゃったー	お兄ちゃんにぶたれたから泣いてるのね
ピッカピカのくつ	新しいくつだね。ピッカピカのくつだね	新しいくつ、ピッカピカで素敵だね
シャボン玉、パチン！	シャボン玉、パチンって割れちゃった	シャボン玉が割れて、石けん水が目に入って痛いね

72 ｜ 第11章　質問・指図・言語化

（5）何をどう代わりに言ってあげるの？

● **ことばのレベルはお子さんのレベルのちょっと上くらいに合わせましょう**

単語を言う段階なら2語文・3語文で。4〜5語の文章が言えるようになったらそれ以上長くしましょう。

● **お子さんが関心を向けているものに照準を合わせましょう**

あれこれ誘ってみても興が乗らないようなら、お子さんがしていること・思っていること・感じていることについて話しましょう。また、お子さんの前で何かする時には、必ず「今ね、ママ〜しているんだよ」「ママね、〜だと思うんだ」と話しかけてあげましょう。そうすることでお母さんのしていることと、ことばがお子さんの中でつながります。

● **お子さんと会話のキャッチボールをしましょう**

お子さんのしていること・感じていることをことばにしてあげるのも、一方的ではいけません。交互にやり取りしていくと、お子さんも会話のキャッチボールができるようになります。そのためにも、お子さんの動き、ことば、手話、ジェスチャー、発声などで表現してくることを期待を込めて待ってあげましょう。

● **表現力豊かな発声とボディランゲージを心がけましょう**

お子さんのしていること・感じていることをことばにしてあげるように集中して、抑揚のない言い方や無表情になってしまわないようにしましょう。退屈な実況中継では、すぐにそっぽを向かれてしまいますよ。

3. ことばを学ぶのに適した会話法は？

最初の例を見てみましょう。

この例では、お父さんが質問したり指図したりしないで、アリサの見本となってコメントしています。アリサは、自然に会話に加わってきます。

アリサ	お父さん（話しことば・ジェスチャー）
絵の中の牛を指差し、お父さんを見る	「モーだね、大きい牛さんだね」
額の近くに手を持って行き、「オー」と言う（あるいは牛のジェスチャーをする）	「そう、牛だね、牛さんは、モー、ってなくね」

次の例では、おばあちゃんがロニーの見本となって、ロニーの気持ちを代わりに言ってあげ、言語モデルを示しています。ロニーは、自分の番になると、動きや発声、アイコンタクトを使いながらおばあちゃんと対話をしています。

ロニー	おばあちゃん
スプーンでハイチェアのテーブルを叩き、「アー」という	「おなかがペコペコ、おなかがすいたのね」
ハイチェアの足場を蹴りながら、「アー」という	「あっ、チーズよ、チーズがあるね」
チーズを取り上げ、口に入れる	「チーズおいしいね！ チーズを食べようね。チーズ、おいしいおいしい」
おばあちゃんを見て、「アー」という	「チーズ、もっとちょうだいね」「はいはい」

4. この語りかけでいいのかチェックしよう！

　毎日家事と育児に追われて忙しい……。でもちょっとだけ立ち止まって、自分がどうお子さんに接しているか考えてみてください。誘導質問をしてませんか？ お子さんの心の動きにことばを乗せていますか？

　「何？」「誰？」「なぜ？」などを使っていないから、ちゃんとお子さんの心の動きをことばにしてあげているわ、と思い込んでしまうこともあります。同じ「ねこちゃん」でも、語尾を上げ気味にして「（これ）ねこちゃん♩」と言ったり、眉をつりあげて子どもに訊いたり。これも質問（詰問）しているのと同じになってしまいます。このような「隠れ質問」も対話のつまずきになってしまいますので要注意！

　次に、ことばかけが指図がましくなっていないかもチェックしましょう。きっとエッ！と驚く結果です。親としてはどうしても、一日の大半を「あれして、これして」と子どもに言いながら過ごしてしまいます。「ここに座って」「くつを履いて」「歯を磨いて」「ジャンパーを着て」など……。ほとんどが、言わないと物事が進まない、一日が回らない、ということなのかもしれません。でも、中には指図としてではなく「代わりに言ってあげる」というコメント方式で言い換えられるものもあるのではないでしょうか？ 例えば、一緒に遊んだり日課をこなしたりしながら、「はーい、ボールを投げて」「シャボン玉を吹いて」「牛乳をコップに入れて」という風にお子さんに何かをさせたい時、一瞬待ってあげましょう。待って、お子さんが自分から何かをしたら、そこで初めて「〜ができたね」「〜してくれてありがとう」とお子さんの行動をことばにして描写してあげます。なんやかんやと指図されるよりもずっとストンと胸に落ちるので、お子さんはきっとまねして言ってくれるようになるでしょう。

　これを「実況中継してあげる」という言い方をする人もいます。起こっていることに手出し口出しをせず、一歩引いてコメント（描写）する、ということです。どうしても口出しや指図をしがちな人には良い練習になるかもしれませんね。

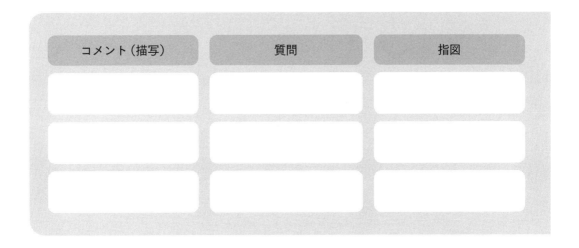

重複障害のある難聴のお子さんや言語発達がゆっくりなお子さんの場合、会話らしくしようと質問をたくさんして、結局お子さんがその会話に全く参加できない状況を作ってしまいがちです。このような場合でも、質問を浴びせるのではなく、現在進行形の言語化（実況中継）を心がけてください。お子さんのことばと会話の能力は、私たちがモデルを示すことで伸ばしてあげることができるのです。

　「ことばらしいことば」（あるいは手話）が出ていなくても、お子さんは対話に参加することができます。交互に体を動かしたり、ジェスチャーや表情をまねしたりすることで、気持ちや考えを表すことができ、次はあなたの番だということも表現することができるのです。

　今、目の前で起こっていることについて、お子さんは何を言いたいのかな、何を感じているのかな、と想像して、それをことばにしてあげましょう。想像が当たっていてことばが的を射ていれば、お子さんは身ぶりでOKサインを出してくれるに違いありません。

　子どもとどのようにコミュニケーションをとっているかは、自分では気づきにくいものです。できればお子さんとのやり取りを録画してみましょう。そして、どのぐらいコメントをしているのか、どのぐらい頻繁に指図や命令をしているのか、数えてみてください。録画機器などが手元になければ、パートナーや友人にモニターになってもらいます。
　第8章の3で使ったものと同じようなチェックシートを用意し、起こっていること・気持ちや考えをことばにしてあげる「コメント」と、答えを引き出そうとする「質問」、すること・起きることを誘導しようとする「指図」とを区別して記録します。
　次のチェックシートに記録し、「コメント」が「質問」と「指図」よりずっと多ければ合格です。逆に、「質問」・「指図」が半分以上だったら、意識して「コメント」（描写）するようにしてください。

第12章

発音・語彙・文章表現のお手本を示す

◀◀◀ 本章で学ぶこと ▶▶▶

1. お手本を示すって？
2. なぜ発音・語彙・文章表現でお手本を示すことが大事なの？
3. 発音のお手本で気をつけることは？
4. 発音とことばの習得のステップ
5. お手本を示す時にするべきこと・してはいけないこと
6. 正しいお手本とは？（話しことばあるいは手話の場合）
7. なぜ子どもは間違いをするの？

1. お手本を示すって？

　お手本は、実際にやって見せて、聴かせてあげることです。人と話す時、どうすればいいかということを、実際の場面で学ばせます。子どもは親のすることを一所懸命見ていますから、お手本としてうってつけなのです

　例えばこんな場面で：

- お誕生日ケーキのデコレーションをする時、生クリームと砂糖をミキサーで混ぜてクリームを作るところを見せ、次にお子さんにやらせる
- 歯医者さんに行って、がまんして座らせるために治療室のシートにじっと座っているところを見せる
- お子さんがボールに手を伸ばして「バ、バ、バ」と声を出している時、「ボール、ボール取って！」と言って代弁してあげる
- 他の子にくすぐられて困っている時、（くすぐっている子を叩くのでなく）「もうやめて！」と代弁してあげる

2. なぜ発音・語彙・文章表現でお手本を示すことが大事なの？

　お子さんと話す時には、正しい発音やことばを使ってあげたいですね。お子さんはつねにお母さんやお父さんのことを見たり、聴いています。お子さんの周りで行われるやり取りは全て、どういう風に人と話すのか、あるいは手話で伝えるのか、というお手本になっているのです。

　お子さんは、周りの人のコミュニケーションを観察することで、ことばも習得すれば、ことばを使っての会話のやり方も学びます。難聴のお子さん、また他の障害があるお子さんの場合は、お手本もクリアでなければなりませんし、聞こえるお子さんよりも回数を多く聴かせてあげることが大事です。

　お子さんの発語について「？」と思うことがあったら、良いお手本を示してあげる時です。

● 発音（手話の表出）が不正確だったり、間違ったことばや文を使う
　例：
　- 「抱っこ」を「あっお」と言う
　- 「さかな」を「あたな」と言う
　- 「はさみで切る」を「はさみが切る」と言う

● ジャーゴン（もごもごしたはっきりしない発話）を言う

● ジェスチャーや手話に似たような動きをする

● 特定の音、語彙、文を使わない（使えない）
　同じくらいの月齢・年齢・発達段階のお子さんに比べて何ができていないかは、言語の発達段階チェックリスト1・2・3・4（p.81〜p.84）を見たり、療育・教育の先生や言語聴覚士などの専門家に相談して、子どもが次の段階で覚えなければならない発音や語を知っておきましょう。
　例：
　- 「カキクケコ」の音が言えない
　- 「サ」や「ソ」などの音は言えるが、「シ」「ショ」などの音が言えない
　- 「アー」は言えるが「イー」が言えない
　- 「ママ」は手話で表現できるが「パパ」はできない
　- 活用形が正しく使えない（好きくない、食べるない、などと言う）

3. 発音のお手本で気をつけることは？

　お手本で示してあげたいのは、発音、語彙、お子さんが習得しようとしている（まだしていない）文など、さまざまです。

　難聴の子どもたちがことばを習得する順序は、聞こえる子どもたちとほぼ同じです。違いは、聞こえる子どもたちは何も教えなくても、ことばを聴いて覚え、身につけていくようになるということだけ。難聴児のご両親や保護者は、聞こえる子どもに見られる言語発達の指標を把握しておくことが大切ですね。難聴児は周りの大人の会話からいろいろな音や表現を小耳に挟みにくいので、聞いているだけでは発音やことばは発達していきません。療育・教育の先生や言語聴覚士などの専門家の指導を受けながら、子どもがことばを習得するステップをおさえ、現実的な期待と目標を持って、親が見本を示してあげましょう。

　難聴のお子さんを育てているみなさんには、聞こえる子どもがことばを学ぶ過程がわかると助かりますね。発音から語用（ことばをどのように使うのか）を含めた言語力の発達過程を示したリストが、次の「4.発音とことばの習得のステップ」であげる「言語の発達段階チェックリスト」です。

　難聴の赤ちゃんも、喃語を話したり声を出すことが普通です。そんな時は必ず「聴いてるよ」というメッセージを送り、赤ちゃんが喜んで声を出し続けるように、同じ声を出してあげましょう。声を出していることを受け止め、反復してあげます。「アー」と声が出たら、少しだけ変えて「ア、ア、ア」と言ってみるのもいいですね。大切なことは、赤ちゃんの声を受け止め、赤ちゃんに返してあげることを繰り返すことです。

　お子さんが伝えようとしているだろうと思うことをことばにして返してあげる……。それがお手本を示すということです。例えば、ベッドに寝かされているお子さんが「ア、ア」と言ったら、「だっこー、だっこーして」と言い換えてあげ、「はい、だっこね」と言いながら抱き上げてください。お子さんは自分が声を出すことで何かが起きる（ここではママが抱っこしてくれる）ことに気づき、発声することに意味があると学ぶのです。

　もう少し大きくなったら、出す声のバリエーションにも気をつけたいですね。母音（ア・イ・ウ・エ・オ）は言語の音としては最も強く、聞きやすい音です。お子さんの母音の発音がなかなか上達しない時、いくつかの母音しか発音できない時、母音がクリアに聞こえることばを選んで話しかけましょう。最も早く習得できる母音は「アー」、それから「オー」、「エー」と続きます。

　お子さんの発声が上手になってきたら、まだ言えない母音（大変！という気持ちのイントネーションで「あーあ」、「おーい」など）をたくさん聴かせてあげます。そして子音も加えていきます（「ひつじはメーメー」「ぶたさんはブーブー」「うしさんはモーモー」など）。

こうして初期の発音が出てきたら、口の形や舌の位置などを工夫して次々といろいろな音が出せるようになっていきます。子音で最初にマスターできるのは /b/（バ・ビ・ブ・ベ・ボ）、/m/（マ・ミ・ム・メ・モ）、/w/（ワ）、/p/（パ・ピ・プ・ペ・ポ）です。人工内耳は高音部の補聴が良好なので、子音の /sh/ も初期から気づくことができます。

　お子さんがいろいろな音を試し始めたら、その組み合わせも促してあげましょう。

4. 発音とことばの習得のステップ

　次にあげる言語の発達段階のチェックリストは、言語発達の段階を順を追って並べたものです。お子さんの「聴こえ年齢」*によって、どんな音や語彙をお手本の中に含めていけばいいのか、見当がつくようになっています。療育・教育の先生や言語聴覚士などコミュニケーションの専門家は、お子さんの日々の指導の中で、観察による評価や標準テストを使って発達評価をしているはずですから、そのアドバイスを受けて、目標を設定・修正していってください。このような積み重ねをしていくと、乳児→幼児→児童と成長していく我が子が、それぞれの発達段階で目的が達成できるためにはどのようなサポートが必要か、学べるようになるでしょう。ママ・パパも一緒に成長していくのです！　自信を持って！

＊補聴器や人工内耳を装用して音を聞き始めた日からの年齢

　ことばを話す能力は、聞こえと聴く力が育って初めて伸びていきます。ですから、お子さんの補聴機器はつねに最善の状態で使用させること、そして、心を込めて聴く姿勢をお手本として見せていくことが大事です。

全てのお子さんが完全に言語の発達段階チェックリスト1・2・3・4通りの順序で音や発音、そしてことばを習得するというわけではありません。

最初の1年間で最も大事なことは、質の高い聞こえを確保すること。つまり補聴機器を起きている間はずっと装用することから始まります。

　ほぼ1年間、「良い聞こえ」を経験して、初めてことばが芽生えてきます。その間の「聴くことの良いお手本」はなくてはならない栄養素です。

　第1章の「聴こえの発達段階リスト」を参考にして、聴こえの育ちが感じ取れるようになってください。

言語の発達段階チェックリスト・1

音とことばを吸収していく前言語期
〈聴こえ年齢12ヶ月頃まで〉

発声・発語の発達段階

- ☐ いろいろな声を出す。母音や子音が入り混じる喃語
- ☐ ことばっぽい感じの喃語を話す。イントネーションがあったり、同じ音や語を何度も繰り返したり、複数の音節のあることばらしきものを言ったり、音を長く伸ばしたり短くしたりする（「アー」や「ア、ア、ア」）
- ☐ 声の高さや大きさをいろいろと変化させる

言語の発達段階

- ☐ いろいろな物に興味を示す
- ☐ 人が近づくと気づく。声をかけられたり、触られたり、匂いがすると反応する
- ☐ 何か興味を引くものがあると、にっこり笑ったり、顔をしかめたり、そちらの方向に手を伸ばしたり、声を出したりする
- ☐ 期待を示す（例：近づいていくと腕を伸ばしてくる）
- ☐ 特定の音／ことばに意味があることを理解する
- ☐ 特定の音／ことばと、絵、物、出来事、動きなどをつなげて捉えることができる（例：日々繰り返される「ママ帰ってきたよ」「絵本の時間よ」「おやすみ」などのことばを聴いてわかる）

赤ちゃんにとって、ことばを話すために子音と母音を一緒にして発音する前に、さまざまな母音と子音の組み合わせを喃語のように練習することはとても大切なことです。

言語の発達段階チェックリスト・2

やり取りができる
〈 聴こえ年齢24ヶ月頃まで 〉

発声・発語の発達段階

- ☐ 「リング6音」（ア [a], イ [i], ウ [u], シ [sh], ス [s], ム [m]）を聴いて模倣することができる（一度に全部できなくても良い）
- ☐ 発声・発語に [p, b, m, n, w, h] の音が含まれる
- ☐ 上記にあるような、いろいろな母音と子音の組み合わせや、ことばらしい音を発声する

言語の発達段階

- ☐ 不完全なものも含めて10語ぐらいの物の名前（例：バナナ）や要求（欲しい／ちょうだい）を言える
- ☐ 語彙が急速に増える
- ☐ 主に物や人、場所の名前について言う。動詞も少し含む（食べる、寝る、遊ぶ、など）
- ☐ 簡単な物事のようす（大小、色、形、おいしい、など）や位置のことば（ここ、上下、〜の前後、など）を言える
- ☐ 音が似ていて混乱しやすいことばの違いがわかる（例：さいた／あいた、うま／くま）
- ☐ 簡単な指示（ティッシュを取ってきて、など）がわかり、従える
- ☐ 絵を指差す
- ☐ 「もっと」や「もう一度」とお願いできる
- ☐ 50語ぐらいのことばを人にわかるように言え、2語をつなげて言える（2語文）

言語の発達段階チェックリスト・3

対話の上達
〈聴こえ年齢36ヶ月頃まで〉

発声・発語の発達段階

- ☐ 発話の中で [t, d, k, f, g, sh, s, ch, y, j] の音が含まれる
- ☐ リング6音のように単音間の違いを理解し、それぞれの音を復唱できる
- ☐ 音の区別の理解が進む
  - 子音は同じで、母音が異なることば（タンタン、トントン）
  - 母音が同じで、子音の構音[*1]が異なることば（「なつ」は鼻音が含まれるが、「たつ」は含まれない）
  - 同じ母音で、子音も無声か有声の違いのみのことば（「さる」と「ざる」、「かき」と「かぎ」）
  - 母音が同じで子音の構音点[*2]のみが異なることば（「かい」と「たい」）
- ☐ 身近な大人がわかる発語をする

言語の発達段階

- ☐ 誰、どこ、何、を使う。その後、なぜ、いつ、どうやって、が使える
- ☐ 〜したい／〜が欲しい、〜しなくちゃ、〜がある が使える（もっと欲しい、お金を持っている、くつをはかなくちゃ、など）
- ☐ 所有格の「の」で所有を表す（ママの本、など）
- ☐ 否定がわかる（だめ、〜しちゃだめ、〜ではない／じゃない、など）
- ☐ 「〜ている」の進行形を使う（例：走っている、寝ている）
- ☐ ぼく、わたし（人称代名詞）が言える
- ☐ 「〜と〜」のような接続詞を使って2文をつなげる。
- ☐ 理由を言える（〜だから、だって〜だもん、など）
- ☐ 量の概念（たくさん、少し、ない、全部）や時間の概念（まだ、後で、今、すぐ、〜より前に／後に、〜だろう、もうすでに）を理解し、言える
- ☐ 助詞の理解が進む

[*1] 唇や舌などを動かして音を出すこと・発音
[*2] 発声する時に呼気がさえぎられる場所

言語の発達段階チェックリスト・4

複雑な対話
〈聴こえ年齢3〜5歳頃まで〉

発声・発語の発達段階

- ☐ 一部の子音（ラ行、ザ行など）をまだ上手に発音できなかったり、省略する（聞こえる子どもたちは平均7歳で全ての音を正しく会話の中で発音できるようになる）

言語の発達段階

- ☐ たいていの場合正しい文章を使って話し、難しい言い方もできるようになる
- ☐ 4語以上含まれる文章を問題なく言える
  例：
    - 「ぼく　明日　サッカーが　したい」
    - 「○○ちゃん、すごく　おなか　すいたんだけど、ごはん　まだ？」
- ☐ 遊びの中でことば遊びをする（例：人形を使って、ごっこ遊びをしながらお互いに語らせて遊ぶ）
- ☐ お話を読み聞かせてもらうことを楽しみ、自分でも覚えているお話を読む「ふり」をする
    - 動詞、形容詞、助動詞などを適切に使えるようになる
    - 否定形を正しく使う（例：〜いらない、できない、したくない）

　親がお手本として見せることができる具体的な単語のリスト（話しことば、あるいは手話）は、第17章の「いつでもどこでもアイディア集」を参考にしてください。

5. お手本を示す時にするべきこと・してはいけないこと

さて、お子さんにお手本となるようなことばかけをするには、どうしたらいいでしょうか？ おさらいしてみましょう。

- 子どもが何かを伝えようとしたら、ことばになっていなかったり間違っていたりしていても、必ず前向きに応えてあげる
- 子どもが喜んで次もまた伝えようとしたくなるように、「聴こえたよ、〜が欲しいんだね」と受け止めて、もう一度お子さんに正しい言い方のお手本を返してあげる
- 間違っても「違うでしょ、〜って言ってごらん」のような否定的対応はしない
- 間違いを指摘する代わりに、正しい発音・語彙・表現を示してあげると「こう言うと伝わるんだ、まねしてみよう」というモチベーションが高まる

6. 正しいお手本とは？（話しことばあるいは手話の場合）

　発音に課題がある時は、正しい発音をしてみせます。次の表の下線の部分は少しだけゆっくり発音する部分です。声を大きくするのではなく、耳や補聴機器の近くに口を近づけて、はっきり発音します。

お子さん	大人はこう応えてあげます
だっこして欲しい時「あっお」と言う	「はいはい、だっこなのね」
おやつの時「ぶー」と言う	「ジュースね、ジュースが欲しいのね」
隣の犬を指差して「おー、ワーワ」と言う	「そうね、大きいワンワンだね」
「たー」と言う	「おちゃよ、おちゃおいしいね」
タンポポを見て「うあうあ」と言う	「タンポポ、ふわふわだね」

　語彙や語順が最適でない時は、状況に合った語彙、正しい語順を使って言い換えます。

お子さん	大人はこう応えてあげます
ライオンの絵を見て「ねこ」と言う	「大きなねこだね、これはライオンっていうんだよ」
帰ってきたパパに「どこ行く？」と言う	「パパはどこへ行く？　そうだね、パパは会社に行ってたよ」
「背、たかーい、ぼく」	「ぼく高ーい！って？　そうだよ、○○ちゃんは背が高いね。でもパパの方がもっと背が高いよ」
「食べるない」	「うん、まだごはん食べないよ、あとで食べようね」

7. なぜ子どもは間違いをするの？

　お子さんが上手に言えない発音や語彙がある、ある種の音や単語を使わない（できない手話がある）など、心配は尽きないものです。そんな時は次のようにしてみるのもいいかもしれません。

- 一部、またはほとんどの音が聞こえていない時

　子どもが補聴機器を一日中装用できるようになるまでは、話しかけながら手話も使ってみてはどうでしょう。

- 補聴機器を着けていても音を判別しにくい時・ちょっと騒音があるとわからない、すぐ近くで話さないとわからない時

　補聴器のフィッティングや人工内耳のマッピングは合っていますか？ お子さんに話しかける時には部屋を静かにして、お子さんの近くで話しかけてみてはどうでしょう。

- 補聴機器を装用して話しことばの音は全て弁別できるけれど、よく聞き間違える時

　間違いを指摘する代わりに苦手な音が含まれることばを頻繁に使い、聞き取りやすいように、はっきり発音してあげてみてはどうでしょう。

- 1メートル以上離れると聞き取れない単語が多い時

　背中を向けて話したり、部屋を出がけに何か言うことをさけてはどうでしょう。

- 聞こえの他にも障害があるかもしれないので、ことばも手話も習得が遅い時

　何ヶ月も同じようなことのお手本を示しているのに次のステップに進めないようなら、専門家に相談してみてはどうでしょう。

- 上手に言えないことも多いけれど、同じ年齢の聞こえる子でも間違ったりすることがある時

　全てを聞こえのせいにしてしまっていませんか？ 聞こえのせいと思える「欠陥」にばかり目がいきすぎていませんか？ 自分の両親に自分が小さいころにどんな様子であったか、尋ねてみてください。「あの子くらいの歳では、あなたも同じような間違いをしていた」という答えが返ってくることも多いはずです。

おしゃべりを始めた。
さぁこれから！

おめでとうございます！
これまでの章で、難聴のお子さんとの対話への手がかりを学びました。いよいよこれからは対話が広がりを見せ、楽しくなっていく時です。学んだことを生かしてチャレンジしてみましょう。
大丈夫、これまでにあなた自身も難聴児の親として成長してきているのですから！ 半信半疑で始めた発声・発語以前の対話、そして教えるのでなくパートナーとして関わっていくということ、その模索の中で試してうまくいったいろいろな取り組み……。全てがこれからのあなたを支えてくれます。

・—・

第13章　ことばを膨らませてあげるとは？
第14章　会話への誘い
第15章　会話が続かない時の打開策
第16章　周りの理解を求める

第13章 ことばを膨らませてあげるとは？

◀◀◀ 本章で学ぶこと ▶▶▶

1. 膨らませるってどうやるの？
2. 具体例から学ぼう！

1. 膨らませるってどうやるの？

　ことばを膨らませてあげるというのは、お子さんの今のレベルより一つ上の段階の要素を取り入れた声かけ、あるいは手話をしてあげることです。1語加えるだけかもしれませんし、2～3語多い言い方になるかもしれません。お子さんが無理なく、もう少しでできるようになる「はず」のレベル、ということです。かけられることばが長くて複雑だったら嫌になってしまうかもしれませんが、ちょっとだけ上のレベルなら、「まねしてみよう」という意欲が湧くに違いありません。

　お子さんの身ぶり、発声、使う単語、あるいは手話などを総合的に見て、発信しようとしているメッセージを読み取ってあげてください。そうしたら、お子さんの身ぶり、発声、発語、あるいは手話を繰り返して、プラスの要素を加えます。お子さんは理解してもらえたと感じ、同時に、「自分が言いたかったことはこうやって伝えるんだな」という適切な文章や新しいことばが含まれているお手本を聴く（見る）ことができるわけです。このような方法は、音声言語で育てるご家庭はもちろん、手話で育てるご家庭でも同じです。プラスの要素を取り入れて膨らませてあげる時は、加えることばに変化をつけることも大事ですね。

　手話で育てることにした場合、親御さんが手話を習い始めの時は、お子さんのことばを膨らませてあげるのに苦労されることが多いものです。手話で表現できることばが限られるため、そのことばだけを繰り返し使ってしまうのです。

　お子さんと遊んだり、何か一緒にする前に、あらかじめ見当をつけてそこで必要になりそうな語彙を手話辞典で調べて練習しておきましょう。そうすれば、お子さんにさまざまな手話表現を見せられ、ことばを膨らませてあげられます。手話のクラスに通っていれば、子どもの日頃の生活のようすや遊びを先生に話してみると、先生から必要語彙のお手本を教えてもらえると思いますよ。

2. 具体例から学ぼう！

これは、お子さんの発話に対し「色」という要素を取り入れた例です。

お子さん	こう膨らませてあげます
ボール！	緑のボールね
○○ちゃんのボール	○○ちゃんのボール、青のボールね
ワンワン、おおきい	そうね、大きくて真っ黒なワンワンだね

こんな膨らませ方もありますよ。お子さんの発語やジェスチャーをまねながら、新しい要素を加えてあげるのがコツです。

お子さん	こう膨らませてあげます
ボール！	わー、大きなボールだね、コロコロ、コロコロ、はやいね！
○○ちゃんのボール	○○ちゃんのボール、うごかないね ○○ちゃんのボール、いすの下に入っちゃったね ○○ちゃんのボール、よごれちゃった、ばっちい！ ○○ちゃんのボール、取りに行こう！
ワンワン、おおきい	うん、大きなワンワン、こわいねー あ、大きなワンワン、えさを食べてるよ 大きなワンちゃん、かわいいねー 大きなワンちゃん、さわってごらん、フサフサだね

子どもの身ぶり、発声・発語（あるいは手話）を繰り返しましょう。そこに親のことばをいくつか付け加えてあげましょう。

　膨らませてあげる機会や方法は、限りなくあります。慣れれば自然にできるようになります。

お子さん	こう膨らませてあげます
おさかな！	おさかな　スイスイ　速いね
スイスイ	おさかな　スイスイ　2ひき　泳いでるね
みんな　いっちゃったね	そうね、みんな、行っちゃったね、おさかなさん、バイバーイ

　次は、2～3語の発話をするお子さんの例です。新しい語彙（タグボート）や概念を導入し、文も少しだけ長く複雑（多語文）になっています。

お子さん	こう膨らませてあげます
ママ　みて　おふね	あのおふねは、タグボートよ。タグボートが　おふねを　引いているのよ

次の場面では、お母さんがお子さんのことばを膨らませて新しいことばの習得を助けています。

● 二人の会話では、お子さんが会話をリードして「鳥が食べている」という共通のトピックについて話しています
● お母さんは一つ上のレベルの文章の見本を示して、お子さんのことばを膨らませています
● お母さんの話す文章は、新しい情報や語彙（ケンカする、かもめ）を入れながら少しだけ長くなっています

お子さん	こう膨らませてあげます
鳥さん！鳥さんが食べているよ	鳥さんが　パンを食べているね。見て　2羽の鳥さんがケンカしてるよ。パンが　欲しいんだね
鳥さんがパンを食べているよ	そうだね、たくさんの鳥さんがパンを食べたいって。あの鳥さんは、かもめっていうのよ

お子さんのことばがもう少し伸びてきたら、親御さんはまた少しレベルの高いお手本を投げかけます。

お子さん	こう膨らませてあげます
でんしゃに　のるよ	運転手さんが　電車に　乗るよ　出発進行！
ぼくの　でんしゃ　こわれちゃった	じゃあ、線路を　直そうね。直したら、また　走れるよ

第14章 会話への誘い

▶▶▶ 本章で学ぶこと ▶▶▶

1. 難聴の子どもたちとの会話で気をつけること
2. 会話へ誘うって？
3. どんな時にきっかけを作り、促すといいの？
4. 日常のあらゆる場面できっかけを見つけよう！

1. 難聴の子どもたちとの会話で気をつけること

　ことばを学び始めたばかりのお子さんにとって、一方的に要求するのではなく、やり取りをすることはかなりハードルの高い行為です。周りの大人が優しく見守りながら、会話の仕方やタイミングなどを示してあげることが大事です。

　子どもは、周りの人がしている会話を小耳に挟んで、やり取りの仕方を学びます。難聴の子どもたちは、この点で多少なりとも不利だといえるでしょう。周りの人たちのやり取りが自然に耳に入ってくるには、遠すぎるからです。また、ほとんどの人は手話を知らず使用しないため、手話を主なコミュニケーションとして使うお子さんには周りで手話を「立ちぎき」するチャンスはほとんどありません。

　こうしてみると、難聴の子どもたちの周りにいる大人が良き会話のお手本を示してあげることが、どれだけ大切なことかがわかります。手話で育てることを選択したご家庭では、お子さんに直接関係のない会話でも全て手話で（あるいは併用して）話してあげてください。そうすれば、聞こえるお子さんが周囲の会話を小耳に挟むように「周囲の会話を見て学べる」チャンスを作ることができます。

　このように、お子さんの対話力を育てあげることができれば、日々の会話がスムーズになり、結果として家族生活がより楽しいものになります。

2. 会話へ誘うって？

「会話へ誘う」という意味は、難聴のお子さんが会話にうまく入っていけるように、また、始めたやり取りを上手に続けられるように促したり、きっかけを与えることです。

そのやり方には、ことば以外の方法（動作、身ぶり、音、声の大きさ、トーン、間など）とことばによる方法（話しことばや手話）があります。また、はっきりそれとわかるやり方と、何気ないやり方があります。

例を使って説明しましょう。

- 目を見開く、眉を心持ち上げる、首をかしげるなどして、期待を込めた視線を子どもに送る
- そっと肩や腕などに触れる
- 微笑みかける
- 「〇〇ちゃんの番よ」と言う（あるいは手話で伝える）
- 「ほら」「それで？」「うーん、お話してくれないとわからないな」など、優しく促すことばをかける（あるいは手話で伝える）
- 「うーん、どうだろう？」「〜したら、どうなるかな？」「どう思う？」「どうしたらいいかしら？」といった、正答誤答がなく、自分で考えたり、自分の意見を言いやすいような聞き方をする

気をつけることは、誘う、促すという行為には「待つ」ことがとても大事だということです。誘いや促しのメッセージを発した時にお子さんがそれに反応できるよう、ゆったりゆっくり待ってあげましょう。お子さんがモジモジしている間に集中力が切れてしまいそうなら、もう一度そっと誘ったり促しましょう。その後で、お子さんがまねできるような、お子さんの心に寄り添ったお手本を示します。

3. どんな時にきっかけを作り、促すといいの？

　会話へ誘う、促す、きっかけを作るなど、さまざまな表現をしてきましたが、次のような時には、お子さんを自然に会話に誘うといいでしょう。

● お子さんが何か言う番だと気づいていない時
● お子さんが気づいてはいるけれど、恥ずかしがって言い出せない時

　こういう時ってありますよね。でもこんな時は、上手にきっかけを作ってあげればいいのです。お子さんが会話の中でこう言って欲しいな、と思うことを言えるくらいにことばの力が育っていれば、誘いや促しがうまく使えます。でも、お子さんのことばの力が十分に育っていない場合は、会話への誘いや促しはプレッシャーになってしまいます。もう一度、会話のキャッチボールが上手にできるよう、お手本をたっぷり聴かせ、示してあげましょう。

ここがポイント！ もちろん、やりすぎ・無理強いは禁物です。会話へ誘うきっかけは、お子さんが会話のキャッチボールができるようになっている時に、そっと与えてあげるのがいいのです。やりすぎては逆効果。要求がましくなってしまい、会話の力は伸びていきません。

親御さんの体験から

以前は息子に「言ってごらん。パパにお話ししなさい。こう言って。ああ言って」と言い続けていました。でも、今は何気ないソフトな方法で同じことを伝えられるようになったんです。うなずいたり、目を見たりするだけで、きっかけには十分なんですね。

4. 日常のあらゆる場面できっかけを見つけよう！

　きっかけを作り、会話を促す機会は日常の中にたくさんあります。ここにあげる例を参考にしながら、自分なりのアイディアを集めていきましょう。

✻ 着替えの時

　歌が好きなお子さんなら、お着替えの時に替え歌を歌いましょう。服の名前が出てきたら、一度歌うのを止めて、服を取り出して、お子さんが名前を言うまで待ってみます。その後、その服を着せましょう。お子さんのことばが伸びてきたら、お子さんに歌ってもらう部分を多くしていきます。

❋ 食卓の準備

お茶碗やお箸を並べる時、その都度「これはパパのおはし」などと言います。お子さんがそれを覚えて自発的に言うようになれば良し、そうでない時は忘れて思い出せないふりをするのも手です。お茶碗を手に取り「これは、えーっとパパの……」と言い詰まったり、「このおちゃわんは……」と言ってみたり。きっと「おちゃわん！」「お兄ちゃんの！」と助けてくれますよ。このように親御さんが話を始めますが、途中で文を止めて、お子さんを期待の眼差しで見ると、お子さんがその文章を完成してくれます。

更に、「今日は特別にジュースもあるから、うーん、何に入れて飲もうかなぁ。おちゃわん？それともおわん？」と、とぼけてみたり。このきっかけでお子さんは会話に入り、自分の重要な役割を果たすことができます。

❋ お洗濯

「さぁ、仕事仕事。お手伝い、お願いねー」と言いながら洗濯かごを持ち出し、洗濯物を集めます。そのことでお子さんは「ぼくもする！」と言って、自分の汚れた洋服を集めます。かごの中から洗濯物を取り出します。一つ一つ手に取りながら「これはパパの……」で間を置き、「くつした！」というお子さんの反応を待ちます。「このシャツは……」と誰のものかを尋ねることもできますね。またどんな色か、お気に入りか、小さすぎるか、学校で使うものか、遊びで使うものかなど、いろいろと話が膨らみます。

更に、「くつしたはどうやって干そうかしら……（洗濯バサミや小物ハンガーなどの語彙をさりげなく教える）」「パパのくつした、何足あるかな……（二つで一足と数えることをさりげなく教える）」など、コツをつかめばことばを膨らませるアイディアが次々と出てくるでしょう。

❋ お買い物

　お買い物に行くことを伝え、お店の写真を見せましょう（お店の簡単なスケッチ画でもいいですね）。また買い物の絵本を読むのもいい準備になります。次に、お子さんと一緒に必要なもののリストを作りましょう。冷蔵庫を一緒に開け、空になりかけた牛乳パックを振って、
　　　お母さん：「あらー、もうないわ……」
　　　お子さん：「ぎゅうにゅう！」
とお子さんがリストにするものを決めます。
　卵の数を見せて、
　　　お母さん：「卵は……」
　　　お子さん：「いっぱいある！」
など、お子さんがチェックするのを促します。
　また、今夜の献立を写真入りレシピを見ながら考え、
　　　お母さん：「これには何がいるかな……」
　　　お子さん：「じゃがいもと、にんじんと……」
のようにお子さんが名前をあげていくよう促します。

❋ お家で遊ぶ

　何をするかはお子さんに決めさせます。もっとお話しできるはずなのに口数が少ないな、と思ったら、親が話しかけすぎていないか、話しかけを少なくしたらお子さんがもっと自主的に発言するか、確認してみましょう。また、ちょっとお芝居をして遊びのルールがわからないふりをしてみてもいいかもしれません。もしかしたら、お子さんがリーダーシップを取って遊び方を教えてくれるかもしれません。この時、説明が理路整然としていなくてもいいのです。お子さんのやる気を損なわないよう、尊重してあげましょう。そうして、遊びながらお子さんのしていることをことばにしてあげましょう（第12章を参照）。例えば、「積み木の塔がこんなに高くなりました！　ここにもう一つ青いブロックがあるよ。ここには……」といった具合に。

　お人形やおままごとをする時は、おもちゃの果物、ベビーフード、哺乳瓶、オムツなどを用意して場面を作りましょう。人形の役割を演じながら、語りかけやふりを通して子どもとの会話を続けていきます。お母さんが赤ちゃん役になって「エーンエン」と泣いてみましょう。お子さんが赤ちゃんをあやすのを待ちます。さらに「ママ、おなかすいた」などきっかけになることを言って、「はいはい、赤ちゃん、ミルク作るから待っててね」とお子さんを会話に誘っていきましょう。

❋ 外遊び

子どもたちはブランコが大好きです。もっと高く、もっと高くと押してもらいたがります。押す前に、後ろにずーっと引いてあげてみてください。高く上がったブランコに乗って宙ぶらりん状態のお子さんに向かって、期待を込めてニコッとしてみましょう。「押して」「ビューン！」「ママ、もっと押して」こんな言い方でお子さんは催促してくれること、請け合いです。

❋ 絵本の時間

お子さんと向き合って座ります。お子さんが絵本と親御さんの顔と手が同時に見られる位置に座ります。お話を読んだり絵の説明をしたりしながら、注意を向けて欲しい絵の部分を指差します。お子さんがお話に入ってくるきっかけとして、お子さんに期待の眼差しを向けて、反応を待ちます。描かれているものの名前を言って、途中で止めるとお子さんが自発的に後を続けたり、「〜している」と描写してくれるのを待ちます。また、文章を途中で止め、続きを言ってくれることを期待して、読み手の体や顔の表情を止めてみます。「ページをめくったらどうなっていると思う？」「ああ、この子はどんな気持ちかなぁ？」「どうしたらいいのかな？」といった問いかけで、お子さんが自分で考えるきっかけを作るのもいいですね。

> 娘は一緒に童謡を歌うのが大好き。特に、アクションのついたHumpty Dumpty*のような歌ではノリノリです。オムツ替えの時に何度も何度も歌ってあげて、ある時、最後のフレーズの最後のことばの前で切ると、もう覚えていた娘はすかさずそのことばを言ってくれました。それから他のフレーズでも最後のことばを飲み込み、娘のリアクションを待ちました。そうやってどんどん一人で歌える部分が増え、全てのフレーズを自分で歌えるようになりました。
> こうして覚えたフレーズは、歌うだけでなく日常にも使えることがあります。自分がベッドから落ちてしまった時「大墜落！」（歌の歌詞）と言って笑っていましたよ。
> ＊Humpty Dumptyは英語の童謡に出てくるキャラクター

第15章

会話が続かない時の打開策

▶▶▶ 本章で学ぶこと ▶▶▶

1. 会話が続かないのはどんな時？
2. なぜ途切れた会話を続けることが大事なの？
3. 途切れの原因は何？
4. ちょっとした修復をするには？
5. 根本的な修復をするには？
6. 「ニコニコ」と「うん、うん」について、ひとこと
7. 日常生活や遊びの中で会話が途切れてしまった時のアイディア集

1. 会話が続かないのはどんな時？

　会話ってどういうものでしたっけ？　一人、または複数の相手に向かってある話題について話し、相手がその話題について話す時には聴く、ということを繰り返すことでしたね。ことばを学んでいるお子さんにとっては、「自分の番」では、動作や身ぶり、また「見る・聴く・まねる」ということも含まれます。ことばや手話をうまく使えるようになると、自分の思いや欲求、感情などを表せるようになり、会話らしい会話をすることができます。

　ところが、小さいお子さんの発話はわかりにくいこともありますね。特に普段生活を共にしていない人にとっては耳慣れないからです。お子さん自身も言われたことを誤解することが少なくありません。このように、どちらかが相手の言うことを理解できなかった時、会話が滞るという状態が起こります。このような滞りは、聞こえる人同士、聞こえにくい人同士、ろう者同士でも、またコミュニケーション手段の異なる人々の間でも起こります。

会話の相手がこんな時は、会話が滞っているサインかも！

- 困惑した顔をしている、注意がそれている、つまらなそうなようすをしている
- イラついている
- 見当違いな返事をする
- ニコニコしながら何度もうなずいている
- 首をかしげるなどして「わからない」と表現している

2. なぜ途切れた会話を続けることが大事なの？

　会話が途切れて相手の言っていることがわからないという状態は、単に情報の受け渡しに間違いが生じるだけではありません。お互い気まずい思いをし、会話を続ける意欲がなくなるだけでなく、自分に自信が持てなくなってしまいます。

　お子さんとの会話では、大人が気を利かせて会話の途切れを解消してあげましょう。大人のこうした気遣いで会話が続くことになります。更に、他の人との会話が詰まってしまった時の打開策をお子さんに見せてあげると、自然にお子さんが打開策を身につけることができるようになるでしょう。会話の途切れは誰のせい、ということではなく、会話をする相手と協力して気まずい状態を克服するんだ、ということを学ぶ機会になります。

　つまり、会話を続けようと努力する姿は、お子さんに次のようなメッセージを送ることなのです。

- あなたは大事な人なのよ
- あなたの話してくれること、聴きたいの
- あなたも私のことわかりたいよね？
- だから一緒に力を合わせようよ
- きっとわかり合えるよ
- 大好きだよ

　逆に、途切れた滞った会話を放棄してしまったら、お互いに嫌な思いが残りますね。

お子さん： どうせわかってくれないんだ。ぼくだってわかってあげるもんか！ 悔しいよ、悲しいよ、寂しいよぉ。ぼくなんか誰も大切に思ってくれない。つまんない子なんだ、ぼくなんか……

お母さん： まったく、どうしてこの子はもっとがんばらないのかしら。

お子さん： ぼくなんかバカだよ。ママはぼくのことを気にかけていないし、ぼくなんてどうでもいい。話したり、手話するなんてどうでもいいんだ！

このように心の中で否定的な自己嫌悪を繰り返しているうちに、本当にそう思い込んでしまうところが恐ろしいことなのです。

会話が途切れ、放棄される度に、自分はつまらない人間だという自己嫌悪が積み重ねられ、悪循環が起きることは深刻な問題です。

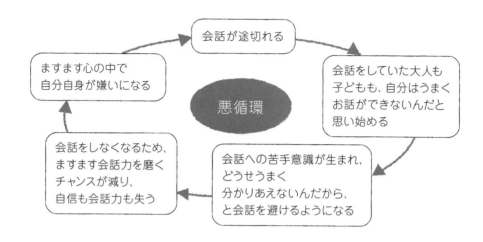

3. 途切れの原因は何？

　原因は大きく分けて4つ。どのような会話の相手にも起こり得ます。

(1) 聞こえない（手話の場合は見えない）

　相手の声が明瞭に聞こえない。あるいは手話がはっきり見えない状態です。

例：
- テレビや扇風機、水の音などがする部屋、騒々しいレストラン、反響の大きい体育館などは、聞き取りが難しい環境です
- 暗い照明、逆光、話す時に本で顔を覆う、マスクをする、聞き手に背を向けて話すなどは、読話や手話の読み取りを難しくします

（2）言っていることが理解できない

音は聞こえている（手話は見えている）けれど、メッセージの送られ方が問題で伝わらない状態です。

例：

- **ことばの一部（音節や単語など）が抜けている**
「ボー」と言った時、「ボール」か「ボウシ」か、または他のことばなのかわからない。

- **発音／手話がまだ明瞭にできない**
「パパ」と伝えたくて手話をしても、実際には間違って「ママ」と表現してしまう（「パパ」と「ママ」の手話の手の形は同じで親指か小指かで異なる）。

- **情報が多すぎて（または少なすぎて）処理できない**
ことばを学んでいる子に「急いで支度してすぐ出ないと仕事に遅れちゃう」と言っても情報が多すぎるし早すぎます。かと言って「仕事！」とだけ言ってもお子さんには、ママの言いたいことは伝わりません。バランスが大事です。

- **ことばの羅列だけなのでどのようにも解釈できてしまう**
お子さんが「ワンワン、大きい、ピョン、だめ」と言った、あるいは手話で表現したとしましょう。「大きな犬が跳べない」「大きなワンちゃん、跳んじゃだめ」「大きな犬の近くで跳ばないで」など、いろいろに解釈ができます。

（3）使われることば／意味がわからない

手話を使う子どもは、会話の相手が手話初心者であることに気づかない時があります。また、小さな子どもと話すことに慣れていない大人は、つい難しいことばを使ってしまうかもしれません。

（4）どう答えていいかわからない

言われたことはわかっても、答えられない／答えを知らない、ということも、ままあります。また、どちらかが単に会話を終わらせたがっている、どうでも良くなっている、という場合もあるでしょう。

会話の途切れに大小があるとすれば、それは会話の参加者が感じるフラストレーションの大きさの違いです。ある人にとっては取るに足らないことと思えることでも、相手には腹立たしい問題になることもあります。難聴のお子さんが直面するフラストレーションを理解することは、重要な鍵になります。

どの会話も相手を理解するコミュニケーション術を磨く機会と捉えて取り組めば、少し修復をすることで大体は解決できるでしょう。

> **親御さんの体験から**
>
> 息子との関わりでお互い言っていることがわからない時ほど苦しいことはありません。本当に泣きたくなるほどです。でも、息子と楽しく会話できるようになりたいという思いは変わりません。だから何度でもわかってあげる努力をするし、わかってもらえる工夫をします。幸い忍耐強く明るい子なので、助けられています。
>
> ・・・・・・・・・・・・・・・・・・・・・・・・・・・・・・・・・・・・
>
> 言われていることがわからない娘に、繰り返し同じことを言ってあげていました。でもそれでもわからない時はお手上げです。仕方なく、ことばを変えて言ってみたり、他のことばを付け加えたり、ジェスチャーをしてみたり。こうしてわかることが少しずつ増え、娘も自分の伝えたいことをいろんな方法で伝えようとしてくれるようになりました。

4. ちょっとした修復をするには？

　ここまで見てきたように、いろいろな原因で会話は途切れてしまうものですが、多くの場合、ちょっとした修復で流れをスムーズにできます。

❋ 修復のコツ

- **話す前に、相手の注意がこちらに向いていることをまず確かめる**
  （第4章の3「対話のために心がけたいことをチェックしよう！」を参照）
- **お互いがよく見える位置で話す**
  お子さんの表情や身ぶりから、伝えようとしていることを補って理解できるかもしれません（第2章を参照）。
- **お子さんがちゃんと聞こえていることを確認する**
  補聴機器はきちんと装用できていますか？ 電源は入っていますか？ 補聴機器の管理状態はいいですか？ ちょうどいい声で明瞭に話していますか？
- **お子さん自身にもう少し話すよう促す**
  微笑みながら待つ、うなずく、これだけ？という表情をするなどして「まだ聴いてるよ」と伝えます。また、「ふーん、で、それからどうなったの？」と続きを促してみましょう。続きを聴いていくと、お子さんが始めに言っていたことが理解できることもあります。

- 待つ

 イライラする代わりに一瞬待って、双方が今言われたことを振り返ることで、何が言われたか、何を手話で表現されたかわかることがあります。

- 反復してみる

 お子さんに対して言ったことを繰り返してあげます。お子さんがこう言ったのだろうなと思うことを繰り返し言ってあげると、「そう」「違うの、あのね……」といった反応が得られるかもしれません。

- お子さんにもう一度言ってくれるように、または他のことばで言ってくれるように頼む
- お子さんにわかりやすいことばで言い直す（手話で表現し直す）
- 身ぶりを使ってわかりやすく言う

 「そこに犬がいるよ」と言って通じない場合、犬を指差して、「そこに、大きな茶色い犬がいるよ」と言ったり、手話で表現します。

- キーワードを示す

 キーワードがわかると、その後に続く情報もわかりやすくなります。「今日のおやつだけど、ばーばのところで食べる？」

- お子さんのようすに応えてあげる

 お子さんのようすをよく見てみましょう。見たこと聞いたことを理解しているか、どのくらい理解しているか、わかるかもしれません。例えば、「あのおばあさん、食べてるね」と言ったときに、その女の人の方を見たら「そうだね、あのおばあさん、食べてるね」と言ってあげます。もしお子さんが「？」という顔をしたり、キョロキョロしたら、「おばさんじゃなくて、おばあさんだよ。おばあさん、食べてるね」と丁寧に言ってあげましょう。

- お子さんのリードに任せる

 どうフォローしていいかわからない時、お子さんの動作やことばをまねしてみましょう。またお子さんのしていることや感じているかもしれないことをことばにしてあげましょう。そこからまた会話が始まるかもしれません。

大事なことは、途切れてしまった会話をそのままにしないで続けることにより、お子さんにお手本を示しているのだ、ということです。ですから、お子さんにもこう言って欲しいな、と思うことばをかけましょう。

例：
- 「お願い、もう一度言って」
- 「そんな大きな声でなくても聴こえるよ」
- 「もうちょっとゆっくり話して」
- 「よくわかんないな、見せてくれる？」
- 「テレビがうるさくて聴こえなーい」
- 「それで？もっと話してー！」「今言ったの、〇〇っていうこと？」

> 私は息子がちゃんと聴いたことを理解しているかどうかをチェックするということを学びました。ところが、他の人は息子が理解していなくても「理解している」と思ってしまうのです。というのも、「わかった？」と訊かれたり「これのこと？」と念を押された息子が、いつもとびきりの笑顔で「うん」と答えるからなのです。その場はしのげますが、長い目で見て息子のためになるとは思えません。他の人も息子が本当に理解して会話についていっているかを気にして、確かめてくれるようになったらいいなと願っています。

5. 根本的な修復をするには？

　会話は厄介なことに、時に暗礁に乗り上げてしまいます。お互いをにらみ合ったり、もっとエスカレートするともう顔も見たくないとばかりに背を向けてしまったり。そんな時、何とか状況を救い、お互いの自尊心も救うことはできないでしょうか？

❁ 使用することばのレベルをお子さんに合わせる

　お子さんの理解レベルを超えた話し方では、会話がしょっちゅう行き詰まってしまうのも当たり前。お互いにイライラする前に、一呼吸置いて、より簡単なことばに置き換えてみましょう。

❋ 想像力・創造力を働かせる

伝える手立ては一つではありません。

例：
- いつも鉛筆と紙を手元に置いて、絵を描いてみましょう
- 本や雑誌にぴったりの写真がある時には活用してみましょう
- ジェスチャーや体の動きや表情を豊かに使って、意味を際立たせましょう（第9章を参照）

❋ 謝る

「ごめんなさい」「わかってあげられなくてごめん」「わかるように言えなくてごめん」とお子さんに伝えましょう。今の状況はこうだけれど、お子さんのことを思う気持ちは変わらない、とわからせてあげましょう。心からのハグやスマイルで、とがった空気を追いやりましょう。

❋ 一息いれる

お子さんに、「ちょっと待って、考えてみる」と伝えます。もしかして自分か、お子さんの体調が悪かったり疲れていたりして、会話に集中できないのではありませんか？ 一呼吸置くだけでストレスレベルが下がり、どこで誤った対応をしてしまったのか見えてくることがあります。そして、途切れた会話を新たな気持ちでやり直すこともできます。

❋ 助けを求める

得てして、はたから見ている人のほうがお子さんの言いたいことがわかったり、こちらの伝えたいことをうまく伝えられたりすることがあります（もちろん、詰まるたびに誰かに助けてもらうということではありません）。第三者の視点が助けになることはありますが、難聴の我が子とちゃんと向き合って、会話ができるようになるためには、やはり自分で打開策を見つけていくしかないのです。

――― ここで大事なこと ―――

お子さんとの会話の修復をすることは、お互いの関係の修復方法をお手本として見せるだけではありません。こうして時にはぶつかってしまってもお子さんと話したいんだ、という親御さんの熱意、愛情、言外のメッセージを伝えることに他なりません。

もしも音声言語だけでは意思疎通があまりに難しく、双方にフラストレーションがたまるばかりという場合は、手話を併用するという選択肢について考える必要があるのかもしれません。この点については第7章を参照してください。

6.「ニコニコ」と「うん、うん」について、ひとこと

　会話の中の「ニコニコ」（微笑む）、「うん、うん」（うなずく）は、「その話続けて、おもしろいよ、わかるよ」というメッセージを話し手に伝えます。これは話し手のモチベーションを上げます。

　同じ「ニコニコ」「うん、うん」が「ちょっと今、話が見えないけど、もう少し続けてみて、きっとわかるから、わかりたいから」というメッセージであることもあります（これも話し手に話を続けやすくさせます）。

　でも、もしも「ニコニコ」「うん、うん」の影に隠れているのが「何を言ってるのかわからない。でもこうしてニコニコしていればバレないし、わからないのは私のせいだと思われないわ」というような考えであれば、会話の流れが悪くなってしまいます。

　会話上手さんは、いいタイミングといいバランスで「ニコニコ」「うん、うん」を会話の潤滑油として使うことができます。話し手のモチベーションを上げ、会話の流れをスムーズにするためです。同時に、わからないことが出てきて会話が途切れた時には、恥ずかしがらずにちょっとした修復の方法を使いながら会話を続けていくのです。

　会話上手さんは同様に、相手が自分の話を理解していることをチェックしながら話します。「今話したこと、聴いてた？」「〜したのは誰だった？」「どこに行ったっけ？」「〜したのはいつだった？」「さっき〜だったと言ったのは、なぜだったか覚えてる？」という具合に、上手に確かめながら会話を進めるのです。

　「わかった？」というような質問は、「ニコニコ」「うん、うん」という返事を増やすだけであまり役に立ちません。

　あなたとお子さんとの会話は、お子さんにとって「会話のお手本」であることを忘れずに！わからない時のテレ隠しに「ニコニコ」「うん、うん」すれば、お子さんも必ずそれをまねるでしょう。修復の手立てはあるのですから、お子さんの言うことがわからない時は、わからないと正直に伝えて、わからないまま会話を流していかないことです。

7. 日常生活や遊びの中で会話が途切れてしまった時のアイディア集

お子さんとのやり取りでは、きっと毎日のようにつまずきがあることでしょう。ここにあげた例と修復の方法を読んで、あなたの試行錯誤に役立ててください。更にあなた自身が考案したやり方も加えてください。

❋ 食事の時

お子さんのことばがまだ育っておらず、欲しいものを言えない時は、「何かな？」と言って探しましょう。一緒に冷蔵庫や棚の中のものを「ジュースかな？」「いちごかな？」と一つずつ指差します。お子さんが「これ」とうなずいたら、「あぁ、プリン！」「プリン、食べたいよー」とことばでお手本を示したり、手話で表してあげます。

食事中にこのようなことが頻繁に起こるのであれば、食卓によく出す食べ物の絵カードを作りましょう。欲しい食べ物の絵カードをお子さんが指差したら、ことば、あるいは手話で表してあげましょう。

❋ 家事をしながら

お子さんが掃除機や洗濯機、乾燥機などがうるさい場所で話しかけてくることが多い時には、「ちょっと待って、うるさくて聴こえないわ」と言って騒音に気づかせてあげます。それから出ている音を消したり、別の部屋に行ったりして「静かになったわ、これでよく聴こえる。さぁ、何て言ったの？　もう一度言って」と向き合ってあげましょう。騒音のあり／なしに気づくこと、そして自分が聴こえない時に人に待ってもらうやり方を学ぶ機会になります。

❋ お風呂の時

お風呂で補聴機器を外す時には、補聴機器をよく使えているお子さんほど意思疎通が難しくなりがちです。そんな時は気持ちを切り替えて読話や簡単な手話を練習する機会にしてもいいでしょう。

❋ お出かけの時

子連れで買い物などに行くと、いろいろな人が笑いかけたり声をかけたりしてくれますね。うれしいことですが、難聴のお子さんにとっては気まずい体験にもなりがちです。これを周りの人に難聴児について理解してもらういい機会と捉え、できれば「聞こえが不自由なので補聴器／人工内耳をしています。顔を見て正面からはっきり話しかけていただけるとわかりやすいのですが……」と説明しましょう。相手が聴覚障害を知らないために、お子さんに「無視された」と気を悪くするのではなく、「教えてくれてありがとう」と快く応じてくれれば大成功。こうしてうまくお話しができたという体験に結びつけば、お子さんの自信にもつながります。

❋ おやすみの時

一日の終わりを締めくくるのは、静かなお話しの時間がいいですね。最後に「おやすみ」と言って明かりを消すまで、お互いの顔と絵本が見えるようにし、補聴機器も着けているようにします。補聴機器を外しても周囲が見えると怖く感じないということで、薄明かりをつけておくご家庭もあります。

❋ うちの中での遊びの時

体を動かしながら積み木を積み上げたり、おもちゃのトラックを走らせたりしていると、お子さんの言ったことがよく聴き取れないこともあります。そんな時は、おもちゃをうまく使って「こうやるんだよね？」「これで合ってる？」とお子さんの意思を確かめます。遊びは続いているので会話が途切れたことは目立たず、そのまま続けることができます。

ごっこ遊びでは、お子さんに親・先生・医者などの役になってもらい、「ほら、ちゃんと聴いて。もう一度言うよ」など、遊びと会話の主導権を取らせるのもおもしろい方法です。親御さんは子ども役になって、わざと間違ったりふざけたことをすることで、大人役のお子さんにいろいろな立場で物事を見る体験をさせられます。

ぬいぐるみや人形も同じようにごっこ遊びの良きパートナーです。特に、自分が何かになる（例えばお姫様になる）ことが苦手な恥ずかしがり屋さんの場合は、人形のお姫様になることでごっこ遊びに入っていけます。

お子さんが大きくなったら、居間のテレビがうるさくて会話がしにくいといった絵を使って問題を設定し、どうしたらいいのか、解決策を話し合って決めさせる課題も与えてみましょう。

❋ 外遊びの時

　外で遊ぶ時、お子さんの補聴機器で声が聞こえる、あるいは手話の見える範囲に留めておくことは至難の技。でも親子のやり取りが続くように「遠くに行きすぎると、ママの声が届かないんだ」と気づかせましょう。必要とあれば、手話やジェスチャーを使うこともできます。安全のためにも、聞こえる／見える範囲に留まることをお子さんに学ばせることが必要です。

❋ 絵本読みの時

　本は会話を豊かにしてくれます。お話を追っていて理解がずれてしまった時、本なら何度でもページをめくり直して戻ることができます。書いてある文字にとらわれず、お子さんのわかるレベルのことばにして一緒にお話を楽しみましょう。

第16章

周りの理解を求める

▶▶▶ 本章で学ぶこと ▶▶▶

1. お子さんの良き代弁者（アドボカシー）となる
2. 専門家とチームを組むには？
3. 専門家チームとの話し合いでは？
4. お子さんが自分から周りに働きかけられるよう支援する

1. お子さんの良き代弁者（アドボカシー）となる

専門家の先生たちから下に見られるのは嫌なんです。それぞれの分野では専門性をお持ちでしょうが、自分の子については私が専門家です。お互いの得意分野を持ち寄り、一緒に話し合えることができればと思っています。

子どもたちを24時間見ているのは私たち親です。先生方は多くて週2時間とか、月に1度という場合もあります。親は子どもたちが必要としていることについて明確な考え方をもっていますから、専門家は私たち親の意見に耳を傾けるべきです。

✻ アドボカシーって何？

　障害のある人やお子さんが社会で生きていくためにはさまざまな配慮が必要です。アドボカシーとは、障害は障害がある人だけの問題ではなく、社会の受容の問題であると考え、統合・共生のための合理的配慮を求めていくことです。お子さんが幼いうちは親が代弁者となり、子どもに代わって社会への働きかけをしていくことが必要です。

✲ なぜ社会への代弁者になる必要があるの？

　お子さんに何が必要かを最もよく理解しているのは誰でしょう？ もちろん親御さんですね。医師、療育・教育の先生や言語聴覚士などの専門家、その他の専門家とも長いお付き合いになりますが、長いといっても数年のこと。親子の関係は一生続きます。お子さんを最もよく知る親こそが、お子さんの受けるべき医療・療育・教育についての選択において主体的な役割がとれるのです。

　お子さんについては、性格も好き嫌いも長所・短所もよくご存知ですね。そこから、お子さんに関わる専門家に対しても「モノ申す」という役割が生まれます。もっとこうしたら、よりこの子のためになるのではないか？といった建設的な意見を述べたり、具体的に「〜のサービスを受けたい」と要求したりします。必要なことは黙っていても与えられるとは限りません。声をあげて初めて気にかけてもらえることはままあるのです。医療にしても福祉にしても、予算も人も限られていますから、「大声でわめいた者勝ち」という側面が無きにしもあらず。ただし、もちろんただ大声でわめけばいいというわけでもありません。

　質の良い医療・療育は、時間も費用もかかります。無限にあるわけではない時間と費用は必要に応じて振り分けられます。難聴児の親としては、時にはその争奪戦に加わらざるを得ないのです。そこで、情報を集め、訴えるべき焦点を定め、議論を構築しなければなりません。

　難聴のお子さんには、誰にも同じように社会生活に参加する権利があります。統合教育（インクルージョン）が目指される今日、親が良き代弁者となることで、お子さんが最も適した医療・療育を受けるチャンスが広がるでしょう。

✲ 良き代弁者になるにはどうすればいいの？

　まずは情報を集めましょう。あなた自身がお子さんの難聴についての、またコミュニケーションや学習支援などについてのエキスパートにならなければなりません。そうすれば、お子さんが何を必要としているかがよくわかり、受けたい支援も見えてきます。また、知識を身につけることで周囲の人たちのお子さんへの理解を深めていくこともできます。

　参考になるものは全て読み、他の難聴児ファミリーとも話しましょう。国や地方自治体の福祉行政も相談にのってくれます。ネット上のサポートグループも数多く存在しますが、メンバーが本当に正しい知識を持っているか、慎重に見極めてください。情報を得るにしたがって、お子さんの受けている支援の良し悪しもわかってきますし、専門家が話すこともよりよく理解できるようになります。

　同時に、法的に約束された権利やエンパワーメントの取り組みについても学ぶべきでしょう。地域で各種団体や学校が講座を開設していますので調べてみてください。

専門家は全てを知っているわけではありません！ あなたの勘を信じなさい。専門家の言うことに疑問を持ってもおかしくないし、セカンドオピニオンをもとめるのは、あなたの権利です。

・・・

私が子どもの良き代弁者になるとは考えてもみなかった。専門家は、他にもいろいろな仕事があります。親だけが自分の子どもが何を必要としているのかを伝えられます。もし親がしなければ、誰もしてくれません。

・・・

始めは親として自信を持つことができませんでした。でも他の親御さんと交わり意見を交換することで、主張できるようになりました。これには自分でも驚いています。

・・・

子どもの聴覚障害についていろいろな情報を得ることは、大変努力がいります。始めは、やりきれないと感じます。しかし、子どものために最良の決断をするには、このようなことをしていかなくては！

・・・

医師や教師に対して、子どもに代わって主張するって難しいことです。最初は小さなことから始め、自信をつけていくしかありません。自分の子に必要なことを訴えられるのは、親しかいないのですから……。

・・・

先生たちだって人間です。しかもとてもお忙しい。ですから、アドバイスをいただいてどれだけ助かったか、お会いするごとに感謝の意を表しています。また、少しでもプラスアルファの尽力をしてくださった時には、お礼状も書いています。それは、やってもらって当たり前と思うのではなく、これからも我が子のために力を尽くしていただきたいと思うからです。

✿ 情報を得ましょう：情報源はどこから得るの？

インターネットの発展により、少し前の親御さんに比べて格段に情報へのアクセスが容易になりました。家にパソコンがなかったりインターネット環境が整っていない場合は、地域の図書館のインターネットで調べることもできます。図書館司書に探している情報を伝えると、検索する方法を教えてくれるでしょう。

✿ 臆せず、尊厳をもって主張する術を学ぶ

専門家だからといって透視術ができるわけではありません。親御さんがお子さんに起こっていることをどう感じているかを専門家が知っているなどと思ってはいけません。親としてお子さんの状況や受けている治療・支援についてどう感じているのか、きちんと伝えていくことが大事です。中には、モンスターペアレントと思われることを恐れ、お子さんにしっぺ返しがいくのではないかと尻込みしてしまう親御さんもいます。でも、主張することは攻撃することとは違いますし、受け身でいれば何の解決にもなりません。これと思ったことは臆せず、尊厳をもって主張する術を学びましょう。

✿「主張」の三段活用：主張する、攻撃する、受け身でいる

「主張する」

「主張する」とは、相手への尊敬を表しつつ、意見や気持ち、必要性などをきちんと建設的に伝えることです。お子さんのことを誰よりもよく理解し、必要なことを訴えるのだ、という自信と自負とがあれば、医療・療育の専門家に対しても臆することなく話しができます。専門家としても、保護者の立ち位置がわかると判断がしやすいこともあるので、前向きに取り上げてくれるのではないでしょうか？ もし直ちに要望に応えられないという場合でも、意見として聴いてくれるはずです。このように正しく「主張する」ことは、お子さんのためになる支援を受けるには必要かつ有効だと言えるでしょう。

「攻撃する」

「攻撃する」とは、相手の意見を聴かず、攻撃的に一方的な主張をすることです。人の話をさえぎったり、大きな声を出したりして、意見の違う人を批判することもあります。このようなやり方をされると、専門家としてはよりかたくなになったり、怒りを覚えて、主張された事柄に関してもオープンに耳を傾けたり考慮したりできなくなってしまいます。つまり、こうしたアプローチは結果的にお子さんの利益には結びつかないことになります。

「受け身でいる」

「受け身でいる」とは、言いたいことがあっても言い出せなかったり、控えめすぎて伝えたことが意見や要望と受け取られない消極的な態度のことです。専門家が（たとえそのつもりがなくても）保護者の意見や気持ちを無視すると、保護者は何も言い出せません。そのことで保護者は無力感を覚え、無視されたことに腹を立てたり、自分や専門家を責めたりすることでしょう。つまり、これもお子さんのためになる態度とは言えないのです。

練習問題 1　これは主張している？ 攻撃している？ 受け身でいる？

これまで学んできたことを念頭に自らを振り返ってみましょう。あなたの主張スタイルがどれだかわかりますか？ もしあなたのスタイルを「受け身的」、「攻撃的」から「主張的」に変えたいと思うなら、ある程度の練習が必要です。
次の表の例1～10を読んで、それぞれの発言が「主張的」「攻撃的」「受け身的」のどれにあたるか選び、〇を付けてください（答えは、リストの最後にあります）。次に「攻撃的」「受け身的」だと判断した文章に戻り、どこを変えれば「主張的」になるか書いてみましょう。

例1	親→友人　うちの子の受けている療育プログラムは合っているとは思えないわ。ちっとも楽しそうじゃないもの。でもあっちは専門家でしょう、いろんなケースをたくさん見てきているわけよね。私なんかの意見を聞いてくれるはずないわよね。	主張的・攻撃的・受け身的
例2	親→教師　うちの子が学習障害って、一体どういうことですか？ ついていけていないのは、先生が難聴の子を教えた経験がないからじゃないんですか？ この子のために何かしてくださったこと、ありました？	主張的・攻撃的・受け身的

例3	親→言語聴覚士 息子のスピーチプロセッサの修理が遅れているということですね。そしてお借りしている代替機をお返しするように、と。でも先生、息子は今ようやく聴くことを学び始めているので、ずっと良い状態で聴こえるようにしてやりたいんです。プロセッサが修理から戻り次第、代替機をお返しするようにいたします。	主張的・攻撃的・受け身的
例4	親→教師 カウンセリングが必要って、どういうことですか？ 家庭に問題など何もありませんよ。息子が幼稚園で問題を起こすのは、先生がクラスをちゃんとコントロールできていないからではないでしょうか？ あんなクラスで、息子はどうやって学べばいいんです？	主張的・攻撃的・受け身的
例5	親→友人 幼稚園のお話の時間ね、先生たち、すごく小さな声でお話しするのよ。その方が子どもたちが一生懸命聴くからって。そんな風にお話を聞かされても娘は聴き取れないわ。ご丁寧にBGMまで流すこともあるのよ！ あーあ、先生たちがもう少し難聴のことわかってくれたらなぁ……。でもどうしようもないわよねぇ。	主張的・攻撃的・受け身的
例6	親→家庭医 先生は、うちの子には聴こえとことばの訓練は早すぎるとおっしゃるのですね。私、少しばかり勉強してみたのですが、早期療育が大事だと言われているようです。うちの子の聴こえとことばも早急に検査してもらいたいと思っています。先生に推薦状を書いていただきたいのですが、いかがでしょうか？ 他の先生にお願いするしかないのでしょうか？	主張的・攻撃的・受け身的

例7	（2歳児の）親→言語聴覚士	主張的・攻撃的・受け身的
	このテスト結果、おかしいと思います。見たこともない絵をいろいろ見せられて……。これでどうしてこの子の学習レベルを測定できるのでしょう？ つまり、こんなことで先生にお分かりになるんですか？ ご自分で子育てした経験、おありにならないのでしょう？	
例8	（1.5歳児の）親→ろう学校教諭	主張的・攻撃的・受け身的
	先生、先日はわざわざお時間を割いて家でできる課題を教えてくださって、ありがとうございました。実は、中には思ったほど娘が食いついてくれないものもありました。例えば、納屋の動物たちを見に行く、あれは興味がないようすでした。でも絵本を見るのは大好きなんです。ですので、先生、本を読みながらできる聴こえの訓練方法があったら教えていただきたいと思うのですが……。	
例9	（8ヶ月児の）親→言語聴覚士	主張的・攻撃的・受け身的
	イヤーモールドが出来上がってくるまでに2週間かかる、その理由はわかりましたし、今までそれで文句を言う人がいなかったことも伺いました。でも、どうしても心配なのです。娘はどんどん成長していて、イヤーモールドもすぐ合わなくなってしまいます。作り直しのたびにそれほど待たなくてはならないようでは、大事な学びの機会が失われてしまいます。先生のご協力を得て、何とかこのような状況の解決策を探ることはできないでしょうか？	

例10　親→友人

	主張的・攻撃的・受け身的
先週、幼稚園に行ってみたんだけど、まだうちの子のためにワイヤレス・システムを使ってくれていないの。先生の中に、ワイヤレス・システムの送信機をつけるとヘアスタイルが乱れるから嫌だって言った人がいるんですって！　でもね、アレルギーがあるからピーナツバターは気をつけてくださいってお願いしたばかりなのよ。またいろいろ言いに行ったらきっとうるさい親だって思われて、息子に当たられるんじゃないかと思って……。もし、「こんなに手のかかる子はお預かりできません」って言われたらどうしよう……。	

解答　1. 受け身的　2. 攻撃的　3. 主張的　4. 攻撃的　5. 受け身的　6. 主張的　7. 攻撃的　8. 主張的
　　　9. 主張的　10. 受け身的

練習問題 2

あなたならどうする？

ここにあげたのは、実際に難聴児の保護者が経験したことです。あなたならどう主張的な意見を言いますか？　書いてみましょう。

	あるケース	あなたならどう主張しますか？
例1	最重度難聴で人工内耳を装用、幼稚園に通っています。新学期前の教育相談では、次のことを約束してもらえました。 ● 週一回の個別の発語と言語指導 ● 担任とろう教育専門家とを交えて学年初頭に会合を持ち、療育目標を設定する ところが、個別指導は月一回のみ、個別教育計画を作成する時には意見を求められなかったのに、コピーだけが送られてきて、承諾のサインを求められました。中身には承諾できかねる部分もあります。	

パートⅢ　おしゃべりを始めた。さぁこれから！　119

	あるケース	あなたならどう主張しますか？
例2	親の会に参加することにしました。ところが最近の勉強会では自分に関わりのない議題ばかり話し合われています。リーダーのお母さんがとても熱心な人なので、気分を害されると思うとなかなかマイナス意見は言い出しにくい雰囲気です。でも、勉強会には出なくてはならないし、もっと話し合って欲しいテーマがあるのにと思うと苦痛です。	
例3	（2歳の中〜重度難聴のお子さんの例）言語聴覚士が発達評価をしてくれましたが、どうも娘の本当の力が反映されていない気がします。家での観察記録を参考にしてくれなかったことも悔やまれます。また、家での課題として提示された親子ですることばの活動も、うまくいかないことが少なくありません。 とてもいい人で、娘のことを本当に心にかけてくれているので、何か言うと批判と受け取られないか心配です。気を悪くされてしまって、娘への態度に出るようなことがないかとそれも気がかりです。	

❋ どんな時にもっと声をあげるべき？

　小さなお子さんを育てることは、それだけでストレスがいっぱいなものです。そんな忙しい生活の中で、ここは何としても我が子のためにがんばらなくては、という状況を見極めるにはどうしたらいいでしょう？　ここにあげたチェックリストが、そんな判断の一助になるかもしれません。

主張すべきかどうかの判断に迷った時のチェック項目

1. 状況は把握しているか。双方の意見／主張を公平に聴いたか
2. 私にとって／我が子にとっての重要性は？　主張すれば大きな意義のある変化が期待できるか
3. 主張したら成功する確率は？
4. 心から結果を求めているのか。それとも単に自己主張したいだけか
5. 他にどんな選択肢があるか
6. 攻撃的にならず、大人の主張ができるだけの心の準備があるか
7. 落ち着くために10まで数えたか。一歩引いて状況を客観的に見たか。怒りのために目が曇っていないか。感情的にならず、理論的に話ができるか
8. 明日まで待った方がよくはないか。相手も明日になれば聞く耳を持ってくれるのではないか
9. 今声を上げなかったら、後悔する時が来るだろうか
10. ここで声を上げたら、どんなことが起こりうるか
11. ここで声を上げることが状況を変えることにつながるか

（出典：R. Alberti & M. Emmons 著「Your Perfect Right!」）

2. 専門家とチームを組むには？

親御さんは、お子さんの代弁者として情報を集め、専門家とチームを組みます。

✤ 親の役割

お子さんの良き代弁者になるにはいくつかの方法があります。

- **お子さんの聞こえと意思疎通について熟知し、必要な支援を専門家に伝える**
  それは、子どものことは、親が一番知っているからです。専門家とのやり取りでは、直接会って話すことの他に、正式な書状を送ることが有用な場合もあります。特に、特別な配慮を求める時、意見の食い違いがある時、時系列で事実を述べる必要がある時、専門家の提案に賛成できない時などです。

- **お子さんの発達記録を取り、チームのメンバーとこまめに話をして、チームとしての動きがスムーズになるように協力する**
  こまめに専門家と話す必要があるものとは、例えば、提案された課題の実践方法を相談する、現実的な見通しの立て方、提案された方策や具体的なやり方が、お子さんのことばの成長にとって有効であったかどうかについて話し合う、などです。

- **チーム全体で情報を共有できるよう、専門家に書面や動画などの資料提供を求める**
  例えば、発達評価の結果、指針となるチェックリスト、短期・長期目標、提案された実践方法、参考文献、具体的な課題などです。

お子さんについて親として理解していることと、専門家の見解とを合わせて、新しい先生やベビーシッター、スポーツクラブのコーチなどへ手紙を書いた方々もいます。サンプルを次ページに掲載しておきますので参考にしてください。

✤ 情報のマネージメント

専門家チームのメンバーとして、親もきちんと情報を管理することが必要です。お子さんの聴こえとことば育てプロジェクト専用のファイルを用意しましょう。専門家との話し合いでも素早く必要な情報を取り出せるよう、整理しておきます。古いものから現在のものへと重ねていきます。

このファイルの中に含まれる情報としては、次のようなものがあります。

- 聴覚検査の結果、オージオグラムなど
- 生活や学習の評価、レポート、個別療育プラン
- 親自身による観察記録、成長に関するメモ、質問事項、相談事案
- お子さんに関わる全ての専門家の名前、アドレス、電話番号
- 相談した時のメモ（相談した時のやり取り、例えば自分の決断、勧められたこと、一致しない点など）
- これまでのお子さんに関する専門家との話し合いの記録

手紙のサンプル

ジェシーの両親より

ジェシーは、両耳に高度の聴覚障害があるので、骨導補聴器を装用しています。補聴器を装用すると、静かな部屋ではよく聞くことができます。ところが、人が集まる場所で、床をひきずる椅子の音がしたり、車の音や扇風機の音、ラジオの音、音楽などが聞こえてくると、それらの音がジェシーには騒音になり、ことばを聞き取ることが難しくなります。ジェシーが教室でことばを聞き取るために、次のことにご協力を宜しくお願い致します。

① ジェシーの席は、教師の顔がよく見える近いところにお願いします（話している人の顔を見ることで、何を話しているか聞き取りの助けになります。とくに騒音下では有効です）

② 何人もの人が一度に話すのではなく、順番に話してくださると、ジェシーはよりよく理解することができます

③ ジェシーは、ことばを聞き取り理解するために補聴器を装用しています。電池が切れたり、コードに問題が生じた時などは、ジェシーに手を貸してください。補聴器のボリューム設定は3です。教室でのグループ活動や集会には、ワイヤレス・システムを使用してください。ワイヤレス・システムが適切に機能していることが大事です。機能していないワイヤレス・システムを使うと、使わない時より聞こえの状態は悪くなります

④ ジェシーは難聴のために、音の方向感覚がありません。これは、いろいろな問題を引き起こします

- 車の音がどこから来るのかジェシーにはわかりません
- ジェシーが見ていない時に人が突然話し始めると、どの人が話し始めたのかわかりません
- かくれんぼ遊びが苦手です

⑤ ジェシーが聴いていないで無視しているようにみえる時は、まず補聴器を確認してみてください

以上のように、ジェシーのことばの発達は順調ですが、難聴の特性と程度により、言語聴覚士にモニターしてもらう必要があります。またジェシーは、ろう学校の先生から支援を受ける必要があります。

3. 専門家チームとの話し合いでは？

　お子さんについてのチームミーティングに遅かれ早かれ呼ばれることになります。そこには、医師、言語聴覚士、学校関係者、行政の担当者など専門家が参加します。専門家との話し合いというと、気が引けてなかなか参加しづらいかもしれません。ここにそうした話し合いを経験してきたご両親からのヒントをあげておきましょう。

準備をしよう

- ☐ 質問や心配事を書き出しておく
- ☐ 子どもの長所を書き出しておく
  - ▶ 親の立場から見た、これから1年間でできるようになって欲しいことの目標、学んで欲しい知識や技術を書き出す。希望的観測でなく現実的に、そして具体的に書く
- ☐ 上記の目標を達成するために受けたいサービスや支援と、それを頼みたい専門家を書き出す
  - ▶ 時には、妥協しなくてはならないこともあり、事前に必要度に優劣をつけ、絶対に外せないものを決めておく
- ☐ 考えられる反対意見や利害の対立を予測する
  それぞれに考えられる解決方法も書き出す
  - ▶ 親から代替案を示すことで、相手が計画を再調整して問題解決がしやすくなることが多い。パートナー（妻／夫）または友人に同席を頼む。どちらかが話し合いのメモを取る。許可が得られれば録音や録画をする
- ☐ 子どものテスト・評価やレポートなどは全て手元に準備しておく
- ☐ 子どもが適切な教育を受ける権利に関する法律を勉強しておく
  - ▶ 特別支援サービスの財政的側面についても知識を深め、子どもがどのような財政的支援を得られる可能性があるか調べておく
- ☐ 親が外国人である場合など、必要ならば、通訳を要請しておく
  - ▶ 子どもの情報を共有する時に、専門家と親の間で聞き逃しや誤解などが起こらないようにする

話し合いの場で

- [ ] 開始時間には余裕を持って着くようにする

- [ ] 終了予定時間をあらかじめ質問しておく。冒頭に、議題に含めて欲しい事柄を伝える

- [ ] 終始にこやかにする。敵対しに来たような顔をすると、専門家は身構えてしまい、話を聞いてくれなくなる

- [ ] 自分用にメモを取ると、議論の中でポイントを落とさない

- [ ] わからない用語が出てきたら説明を求める。最初に「ここで話し合われることは我が子のことなので、全てきちんと理解したい。専門用語などは意味を質問することがあるかもしれません」と断っておくのも良い

- [ ] チームメンバーがこれまでどんなに我が子を支援してきてくれたか褒める。感謝の意を伝える

- [ ] 頑固であるより解決策を見つけるために柔軟に協力する

- [ ] 専門家からの意見や提案に疑問があれば、迷わず質問する。我が子が当事者であることを忘れずに！

- [ ] 法的根拠や政策などが理由にあげられたら、出典を提示するよう求める

- [ ] 感情的になりすぎたと思ったら、一時の休憩を提案する

- [ ] 会議で話し合われたことを最後にまとめてもらう。提案されたことが全て明確に議事録に載るよう気をつける。特定の支援を受けることが決まったら、「誰が」「いつまでに」「何を」するのかを記録しておく

- [ ] 話し合いの結果に満足できない時は、異議申し立ての手続きについて質問しておく。
  例：
  「私は、決定されたことに対して同意していません。私にはこのことに対して異議を申し立てる権利があると理解しています。ここの教育委員会への異議申し立ての手続きについて教えてください」

話し合いの後で

- [ ] メモを要約しておく。提案されたことの要点や反対意見は必ず含める。要約したものをチームの各メンバーに送っておく

- [ ] 話し合いの場で決まったことの実行に問題がある場合、状況が変化した場合は、再び話し合いの場を求める

4. お子さんが自分から周りに働きかけられるよう支援する

❋ セルフ・アドボカシーって？

　みなさんは親として、お子さんが難聴と共に生きていくため、また周囲がそれを理解し見守ってくれるよう、多くのことをしてきました。他の難聴児ファミリーと情報交換をしたり、聴覚障害や、補聴機器を使う子どもたちの生活について書籍を読んだり学んだりしました。お子さんの成長に関わってくれる人たちに難聴やコミュニケーションの問題を説明し、お子さんが聴いて話す力を伸ばすための療育プログラムを専門家と一緒に推進してきました。お子さん本人に対しては、つねに前向きに働きかけ、この本や専門家のアドバイスを実行してコミュニケーションの能力を伸ばし、自信を持って他の子どもたちと交われるように育ててきました。

　お子さんのコミュニケーションの力が伸びてくると、お子さん自身の力で、あるいは周りのサポートも得ながら試行錯誤し、自分自身で周りに働きかけられるようになっていきます。更に周りとのコミュニケーションがうまく運ぶと、その経験はお子さんの自信へとつながります。

　セルフ・アドボカシーというと大げさに聞こえますが、お子さんが自分の補聴機器を自分で管理することがすでに第一歩です。寝る前に決まった場所に置く、人工内耳のコイルが外れたら自分で着ける。そうやって幼い時から補聴機器を自分の一部として大事にすることが、難聴と生きる自分を肯定的に受け入れることにつながっていくのです。

　園児でもすでに、自分の聞こえのことやなぜ補聴機器を使用しているのかを説明することができます。

　同年代の難聴児さんに出会う機会があまりなく、このような仲間意識を育てる環境がない場合には、ろう者や難聴児を描いている本や動画を使うこともできます。また、毎年開催されるろう者や難聴者の会などに出たり、ネットワークや協会を通して、難聴児をもつ家族に連絡することもできます。

❋ どうしたらお子さんの自尊心を育んであげられるの？

　研究によると、地域の幼稚園や保育園、通常学級などに通う、いわゆる「インテ」（インテグレーション）＊した難聴児さんには特有の課題があるようです。聞こえる子どもたちと一緒に学ぶことで学力は伸びるものの、自尊心・自信の部分で伸び悩む子が少なくなく、孤立、孤独、羞恥、自分はだめだという思いや行き詰まりなどを感じていると言われています。これらの感情は、低い自尊心や自分自身への自信のなさを表す症状です。

＊統合教育・統合保育

　親として、してあげられることはたくさんあります。苦手な学習やお友だちとのトラブルは、もしかしたら聞こえの問題と関係があるかもしれません。困難な問題を見つけ出し、その問題を乗り越えていくことの大切さをお子さんにわからせてあげ、聞こえにくい状況に自分で気づき、変えられるところは変えていくように教えてあげることが大切でしょう。

❋ どうしたらセルフ・アドボカシーができるように手助けしてあげられるの？

- 難聴の子どもたちや成人と会う機会を作る
- 難聴を隠そうとせず、オープンに話す
- 補聴機器を装用すること、ワイヤレス・システムを使うこと、あるいは手話で話すことが、小さいうちから周りの人々の中で当たり前のことであるように実践する
- 他の誰とも同じように、話の輪に入る権利があることを感じ取らせる。聞こえにくい時は自分で他の人に伝えられるように、例えば「聞こえないよ、テレビを消して」と言えるように勇気づけてあげる
- 難聴であることに関してマイナスの感情を植えつけない。写真を撮る時に補聴機器を隠したり、もっとよく聴きなさい、と叱ったりすることは劣等感につながる
- 地域社会において、たくさんの経験をさせてあげる。他の子と同じように何でもやらせてあげる
- 話の輪に入れてあげる。聴こえなくて・ついていけなくて輪の外に置き去りにされることのないように
- もし手話をコミュニケーション手段として使うのであれば、家の中では誰もが会話を手話（あるいは手話併用）でする
- 主張するというモデルを見せる。困った時や心配事がある時は、率直に問題を相談し、解決方法を探り、気がかりなことを伝え、支援を依頼する。親が率先して可能な解決方法を説明したり行動を起こすなどの姿勢を日頃から見せる

　お子さんの自尊心と自信は幼いうちに（劣等感を持ち始める前に）つけてあげることが大事です。お子さんにも自分でできるセルフ・アドボカシーの経験を積み重ねる機会を作ってあげることで、お子さんの自尊心が育っていきます。

セルフ・アドボカシーができるようになっているか？

- ☐ 音を聞いて、大きすぎる・小さすぎる・ちょうどいいが言える
- ☐ 補聴器がハウリングしたら自分でイヤーモールドをしっかりつけ直せる
- ☐ 人工内耳のコイルが外れたら自分でつけ直せる
- ☐ 補聴器が耳から外れそうになったら自分でつけ直せる（イヤーモールドは外れていなくても）
- ☐ 補聴機器の管理が少しずつできるようになる。電池をチェックしたり、使わない時は注意深く外したり、不意に外れた時には補聴器や人工内耳のコイルを装用できる
- ☐ 朝、自分で補聴器や人工内耳を装用し、スイッチを入れることができる
- ☐ 自分の聞こえにくいことや補聴機器のこと（機種名、ボリューム、感度設定、着ける理由、ワイヤレス・システム、パーツ名など）を人に伝えられる
- ☐ 騒音の激しい教室や反響の大きい体育館など、聞こえにくい環境に気づくことができる
- ☐ 騒音を消したり話し手に近づくなど、自分で聞こえやすくなるような方策を知っている
- ☐ 何がどのように自分の聞こえにくさの原因になるか、どうしたら改善できるかを人に伝えられる
- ☐ イヤモールドを自分で装用することができる
- ☐ 補聴機器がうまく機能していないことに気づき、それを大人に伝えることができる（機器が壊れて動かない時、音が入ったり入らなかったりする時、ワイヤレス・システムが入っていない時、など）
- ☐ 補聴機器の調子が悪い時、それに気づき、親または周囲の大人に伝えられる

対話力へ！
そして読み書きする力へ！

お子さんとのおしゃべり、軌道に乗ってきましたか？
毎日楽しんでいますか？
このパートは、日々の暮らしに散りばめられた、対話力強化のアイディア集。家でも外でも、遊びでも家事でも、おしゃべりに利用しない手はありません！

―・―・―・―・―・―・―・―・―・―・―・―・―・―・―・―・―

第17章　いつでもどこでもアイディア集

第17章 いつでもどこでもアイディア集

◀◀◀ 本章の内容 ▶▶▶

1. リテラシーは日々の食卓から
2. 家で過ごす時
3. 遊びの時
4. お出かけの時

この章の使い方

　この章では、お子さんの生活圏を広く網羅した学びの機会を取り上げています。お子さんのことばの力を育む小さなアイディアをそれぞれの場面ごと（食事の時、寝る前など）に集めてみました。

　それぞれの場面にあげた単語リストは、聞こえる子どもたちが最初に覚えることばに対応しています。手話を習い始めたばかりの親御さんは、このリストを参考にまず自分がこれらのことばを覚えるといいでしょう。これからお風呂タイム、公園へのお散歩タイム、という時に、それぞれの関連語彙リストに目を通してください。そしていくつかの語彙を手話辞典でチェックしておけば、お子さんとのやり取りに取り入れることができますね。そして、できるだけ単語だけではなく、文章の中で使いましょう（例：「でんき、でんき」ではなく「でんきをつけてね」）。

　読み書きの力（リテラシー）には語彙力が必要です。読めるようになるためには、ある程度の数のことばを知っていなければなりません。ことばの意味の理解があって初めて、その意味と書かれた文字とがお子さんの頭の中でつながるのです。

　次にあげるたくさんのアイディアの中には、これまでの各章で取り上げたアイディアも混ざっています。日々の忙しい生活の中で手軽に参考にして、お子さんとの会話で聴かせましょう。

1. リテラシーは日々の食卓から

　ここまでは主に「聞く／聴く・話す」ことについて述べてきました。バランスのとれた言語力の発達には「読む・書く」力も欠かせません。これをリテラシーといいます。読む力は、聴いて話す能力をベースに育まれます。この本をここまで読み進んでこられたあなたは、難聴の子どもたちには私たちが目的意識を持ち、一つずつ段階を追ったことばのインプットを丁寧にしてあげることが重要であるということをよく理解できたと思います。専門家の指導とお子さんに合わせて作成された個別計画のもと、上手な声かけ・ことばかけを日々行い、お子さんの対話力をつけていることでしょう。

　こうして学んできた、聴いて話す力の支援方法は、そのまま読み書きの力（リテラシー）を育むためにも有効です。これまで通りの丁寧なことばかけに、文字情報を取り入れていけばいいのです。ちょっと気をつけてみれば、日々の生活のコミュニケーションの中には文字と音を結びつける機会はたくさんあります。親が率先して読む・書くという行為をしましょう。買い物リストを作る、自由な時間にゆっくり本を読むなどです。

　これからあげるアイディアには、リテラシーを伸ばせるちょっとした工夫として「読み書きにつなげるアイディア」が付いています。お子さんが話すことと読み書きとのつながりに気づき、ことばっておもしろいと感じるのに役立つと思います。

　一日に一つのアイディアを実践してみるとお子さんはことばの読み書きが好きになりますよ。

2. 家で過ごす時

❈ 誰がいるかな？

■ 子どもは自然に人間に対して興味を示すもの。特に頻繁に目にする家族や身近な人たちはみんなキーパーソンです。出会うたびに、例えば「○○お兄ちゃん」「○○おばさん」と言ってあげましょう。

■ 毎日顔を合わせない親戚や、かかりつけのお医者さん、近所の人たちには写真を撮らせてもらい、「○○さんが来るよ」「お医者さんに行くよ」と言う時にお子さんに見せてあげましょう。誰が誰の何という関係性も大事ですね。「いとこの◇◇ちゃんのママはだーれ？」「そうね、○○おばさんね。○○おばさんはママの妹よ」のように話を膨らませてあげましょう。

読み書きにつなげるアイディア

● 冷蔵庫に家族の名前を書いて貼ってみましょう（漢字でもひらがなでも）

周りにいる人たちのことば		
パパ／お父さん／とうちゃん	おじいちゃん／じいじ	おじさん
ママ／お母さん／かあちゃん	おばあちゃん／ばあば	おばさん
男の子	おにいちゃん	弟
女の子	おねえちゃん	妹
赤ちゃん	子ども	大人
家族	親戚	いとこ
ぼく／わたし	あなた／君	お隣さん
お友だち	大家さん／管理人さん	○○先生

＊呼び方は、○○にいに（お兄ちゃん）という風に名前で区別してもいいでしょう。

✲ 何があるかな？

■ お子さんにとって、「おうち」は安心できるベースキャンプです。家の中でお子さんと移動する時、「あっち」「それ」ですまさずに「台所に持ってきて」「カーテンをしめて」ときちんと場所やものの名前を言いましょう。こうすればお子さんは自然とたくさんの語彙に触れることができます。

■ お片づけもお子さんと一緒に！「ふーん、このくまのぬいぐるみは台所でいいの？ それとも○○ちゃんのお部屋に持って行こうかな？」とおしゃべりしながらやりましょう。トルストイの名作『三びきのくま』のお話では、家の中や家具がたくさん出てきます。こうした絵本を図書館で借りてきて読んであげるのもいいですね。

■ かくれんぼ遊びをしましょう。お母さんがいるところ、お子さんがいるところ、ぬいぐるみのクマさんがいるところをちゃんとことばで話してあげましょう。

読み書きにつなげるアイディア

● 洋服や本など、お子さんの持ち物に名前を書いてあげましょう
● 絵本を見ながら、いろんなお家のようすや誰がどこに住んでいるのか、などについてお話をしましょう
● 家の中のいろいろな場所を写真に撮りましょう。子ども部屋のドアやいつも寝る場所の近くにお子さんの名前を書いてあげましょう

家の中にあるもののことば		
居間／リビング	台所／キッチン	玄関
お風呂	トイレ	洗面所
寝室	子ども部屋	物置
階段	2階／上の階	1階／下の階
エレベーター	かべ	窓
押入れ	床／フローリング	部屋
門	カーテン	鍵
ドア	取っ手／ノブ	天井
おうち／家	屋根	団地
建物	軒先	郵便ポスト／新聞受け
マンション／アパート	住所	家具

✻ おはよう！ おやすみ！

- 朝、お子さんが目覚めて泣いています。ただ近づいて抱き上げるだけではなく、コミュニケーションにつなげてあげましょう。こんな具合です。にっこり笑って「よくねんねしたね、元気におめめが覚めてよかった！」という気持ちを伝えます。そして両腕を突き出して「抱っこして」というジェスチャーを見せてあげます。「あーら、抱っこしてなの、はいはい、抱っこね」と話しかけたり、手話をしたりして抱き上げます。

- 目覚まし時計を使って「お目覚めごっこ」をします。振動する手動の目覚まし時計がいいですね。数秒～数分後にセットして、鳴ったらアラームの音を聞いたり、振動を感じる仕草をしながら「起きてー」と声をかけたり、手話をします。お子さんにアラームの音／振動に気づかせてあげましょう。

- おやすみの時間になったら、哺乳瓶、絵本、パジャマを用意しましょう。お子さんが気づいたら「ねんねの時間よ。ミルクを飲もうね。絵本を読もうね。パジャマを着ようね」と話しかけたり、手話をします。お子さんがママの誘いにのってこない時は、「あれ？」と思わせるおかしなことをしてみるのも手かもしれません。お子さん用のパジャマを親御さんが着ようとしてみたり、ミルクをぬいぐるみに飲ませるふりをしたり……。

- 起きる、昼寝をする、就寝するという基本的な行為には、毎回同じ手はず（ルーティン）を踏んであげましょう。補聴機器を着ける／外すこと、着替え、歯磨き、おはようの歌、おやすみの歌、絵本読みなどの一連の行為もそうです。毎回同じようにすることで、だんだん上手に次々とできるようになり、いつも同じようにやっていくという予測性が生まれます。また、こうして日課が定まると、逆に例外を例外としてわからせることができます。何かの行事で夜が遅くなった時、また、いつもと違ってゆっくりの休日の朝など、「今日は特別ね、また明日からいつもと同じ時間よ」と説明してあげることができ、安定した日課も特別な場合の変更も共に「あり」なんだよということをわからせてあげましょう。

- お子さんが少し大きくなったら、朝でも夜でもカレンダーを使って日々の確認をする習慣をつけましょう。特別な日にはお子さんにシールを貼らせたり、一日の締めくくりにその日に×印をつけさせたり。簡単なイラストで明日の予定を記入してあげることもできます。例えば、大きな病院の入り口を描きましょう。「明日はお耳の先生に会いに行くよ。○○先生に『聞こえたよー』って教えてあげようね」と話してあげましょう。

- 歯磨きは一緒にしましょう。お子さんがお母さんの歯ブラシに歯磨き粉をつけ、お母さんの歯を磨いてあげます。そして役割交代して、お母さんがお子さんの歯を磨いてあげます。

読み書きにつなげるアイディア

● 寝る前にはいつも絵本の読み聞かせ時間を作りましょう。マーガレット・ワイズ・ブラウンの『おやすみなさい、お月さま』など、いい絵本がたくさんありますよ

起きる時や寝る時に使うことば		
おはよう／おやすみ	目覚まし時計	まくら
ベッド	ねる	おきる
明かり／電気	（電気を）つける／消す	眠い
歯磨き	着替える	お昼寝
寝坊	早起き	明るい／暗い
よだれ	パジャマ	ゆめ
布団	毛布	シーツ

✿ オムツを替えよう！トイレに行こう！

■ オムツを替えたりトイレトレーニングをしながら語りかけることが大切です。トイレもオムツも一日に何度もしなければならないことですから、黙っていてはもったいない！聴こえとコミュニケーションの練習の場として活用しましょう。お子さんが自分で排泄をコントロールできるようにトレーニングしてあげることも大切です。

■ トイレに行きたくなった時にお子さんがするジェスチャーや行動を観察してみましょう。お子さんによってはそわそわしたり、足をクロスさせたり、隠れようとしたりしますね。それをことばにしてあげることで、お子さん自身が「その時の体の感覚」に気づいて教えてくれるようになるでしょう。

　トイレトレーニングには、自分だけの場所があっていいことをわからせる意味もあります。自分でドアを閉めて「入ってこないでね」という意思表示をすることを教えてあげましょう。トイレに入ろうとしてドアが閉まっている時には、ノックする（あるいは床を足でトントンと踏む）＊というマナーも、大人が示してあげましょう。トントンという音に気づいて「入っていますか？」という意味だと理解する訓練にもつながります。

　　＊聞こえない人には、ノックの代わりに足踏みして振動を伝えます。

■ オムツを取り替える時は、せっかく親子が向き合う機会ですから、指遊び・手遊びをしましょう。例えば「あたま、かた、ひざ、ポン！」などで、お子さんとスキンシップをとります。

　オムツ替えはスキンシップがたくさんできる機会です。お子さんのおなかの上で指をトントンとさせながら同じリズムで「バ、バ、バ」、指でくるっと円を描きながら「アー」、などのように、動きと声を連動させて聴かせてあげましょう。

　オムツ替えの時にお子さんは何を見ていますか？　頭上のモビールに目がいっているようなら「クールクル、動物さんがクールクル、牛さんはモー……」とフォローしてあげます。

　オムツ替えの場所に鏡（割れないもの）があれば、体の部位を言ってあげる時にお子さんが自分の体を見ることができますね。「足の指、こちょこちょしようかなー」「おなか、きれいきれいねー」と触れ合います。

　お子さんが濡れたオムツやパンツを指差したりして、気持ちが悪い、トイレに行きたいといった素ぶりを見せたら、「おしっこしたの？」「おしっこしたいの？」と言って（あるいは手話をして）あげましょう。そうやって語ってあげてから、オムツを替えるなりトイレに連れて行くなりしてあげます。お子さんの発語が出てきているようなら「マー君、おしっこ」と訴えるかもしれませんね。そんな時はすかさず「そうね、マー君おしっこしたね。おりこうね。トイレに行っておしっこできたね」と話しかけてあげましょう。

読み書きにつなげるアイディア

● 日頃からうんちやトイレに関する絵本にも親しんでおきましょう

オムツを換える時やトイレに行く時のことば		
トイレ	おしっこ／うんち	おしり
おまる	おむつ	おしりふき
トイレットペーパー	ティッシュ／ウェットティッシュ	サラサラ
ノック（トントン）	スリッパ	替える
きれい	気持ちいい／気持ち悪い	汚れる
洗う	流す	ふく
ベタベタ	くさい	出た／出る

❋ お風呂に入ろう！

- お風呂の用意をしながら、「まず栓をしようね。それからお湯を入れまーす。あらら、あつーい！　熱すぎたね。冷たいお水を入れましょう」のように動作を逐一説明してあげます。その時、必ず実際の動きをする前にことばを語ってあげることを心がけてください。

  お風呂に入る時は補聴機器を外すこともありますので、聴こえの訓練こそできませんが、親子で一緒に歌ったり、顔や体で表現し合って楽しいやり取りの時間にしましょう。

  手話を使うご家庭では、洗いながら体の部分の名前を手話で表現してあげましょう。また、残存聴力のあるお子さんの場合は、替え歌を歌うのも楽しいです。自分の名前が言える／手話ができるようになったら、お子さんの体を洗っている時にその部分の名前を言ってもらいましょう。

  手話でも、お子さんの表出レベルより少しだけ長い語りかけを心がけましょう。まだ手話がおぼつかないうちは、親は1～3語の長さで語りかけます。4～5語の文を手話でできるようになったら、親はそれより長い文で語るようにしてください。例えば、初期には「髪、洗う」、次の段階では「長い、髪、洗う」となり、最終的には「ぼくが、長い髪を洗ってあげるよ」と言ってあげられるようになりましょう。

  子どもが目に見えない考え方（概念）を理解できるようになることは大切です。そのために、原因と結果、それぞれの行動の意味や目的について、何をしているのか、なぜそうしているのか、といったことを細かく話してあげる習慣をつけましょう。例えば「足がよごれちゃったね。だから洗ってあげようね。ほーら、きれいになったよ！」「あらら、石けんがお目々に入っちゃった。痛いね、イタイイタイ！　水ですすごう。これでもう痛くないね。もうお目々に石けん入ってないよ」のように話しかけます。

  お風呂で楽しいことをたくさん見つけてことばにしてあげましょう。例えば「パチャパチャしてごらん！」「ザッブーン！　お魚さんが飛び込みました！」など。

- お子さんのことばのレベルが高くなってきたら、新しい内容を入れていきましょう。例えば、浮くおもちゃ、沈むおもちゃを用意して「浮く／沈む」という概念を導入します。複数のおもちゃを用意して数えたり、「大きいアヒル／小さいアヒル」から「大／小」の対比に気づかせたりと、できることはたくさんあります。

  お母さん役になってお人形をお風呂に入れさせるごっこ遊びや、バスタオルでお子さんの体を拭いている時に「いないいないばあ」をするなど、全ての機会を捉えて楽しい遊びの中で対話をしましょう。

  時には、お風呂場のおもちゃをお部屋での遊びに使って、補聴された状態でそれらの出す音や関連することばかけが聴けるようにしてあげましょう。こうすれば、お風呂場で聞こえなかった音やことばが、おもちゃや歌と結びついていきます。お風呂タイムのようすを動画で撮影し、補聴機器を着けている時に一緒に見ながらいろいろとお話ししてあげるのもいいですね。シャボン玉、プラスチック製の文字や数字など、水の中でも使えるものもありますね。

お子さんが自分でできることは、どんどんやらせてあげましょう。自主性を育むことは大切です。

読み書きにつなげるアイディア

- お風呂で使える濡れても大丈夫なひらがなや数字のおもちゃもあります。順番に並べたり、家族の名前を書いたりしてみましょう
- お風呂をテーマにした絵本をお風呂タイムの前や後に読みましょう。補聴機器を着けた状態で、関連する語彙や概念を聴かせてあげましょう
- 体についての本や性教育の本を使って（いわゆる赤ちゃんことばだけでなく）正確な身体部位名称を親御さんが知っておくとお子さんに教える時に参考になります

お風呂に入る時のことば		
あわ	シャンプー／リンス	洗う
タオル／バスタオル	スポンジ	シャワー
湯船	浴槽	浴室
栓	蛇口	石けん／ボディソープ
水／お湯	（お湯を）掛ける	（お湯を）流す
（お湯を）汲む	（お風呂を）わかす	おもちゃ
冷たい／冷める	乾かす／濡れる	熱い／ぬるい
汚い／不潔	きれい／清潔	温まる
洗面器	ごしごし	チャプチャプ

身体の部分		
背中	おなか	顔
ひじ	ひざ	足
手／腕	髪の毛	頭
足の裏	おへそ	足の指／手の指
あご	わき	かかと／つま先
肩	首	腰

❋ 着替えをしよう！

ズボンを引き上げる行為と、それを表す音を関連付けてあげます。

■ あなた（またはお子さん）がしていることをことばで描写してあげます。
- 「くつしたひーっぱって、ひーっぱって、ああぬげた！」
- 「腕を上げてバンザーイするよ。はーい、腕を上げて。たかーく上げて、バンザーイ」
- 「髪の毛をとかそうね。はい、○○ちゃんのブラシだよ。スー、スー。あら自分でできるの？ じょうずに髪の毛とかせたね。きれいになったね」

お着替えのたびに「着る／はく／はめる」「脱ぐ／取る」を使って今していることを2語文くらいの語りかけ、あるいは手話にしましょう（「シャツを着よう」「ボタンをはめて」「靴下を脱いだ」など）。

ことばが出始めのお子さんは、親御さんの語りの中で、1語だけをまねようとするかもしれません。そんな時も、必ず少し長めに語りかけましょう。

- お子さんが「はくー」と言った時には「くつをはくよ。ひとぉーつ、はけました。ふたぁーつ、両方おくつがはけたね」と言う
- お子さんが「くつした」と言った時には「くつしたをはこうね。じょうずにはけるかな。今日は白いくつしたをはくよ」と言う
- お子さんが「ながぐつ、ぬぐ」と言った時には「ながぐつをぬごう。自分でながぐつぬげるかな。まず右をぬいで、はい、左もぬいで」と言う

■ 歌の好きなお子さんなら、身につけるもの一つ一つを歌に乗せて歌ってあげましょう。（英語ならHere We Go Round the Mulberry Bushの替え歌で）「シャツ」と言う前の直前で止めて、お子さんが「シャツ」と言える、あるいは手話をするのを待ってあげ、言えたら（言おうとしたら）着せてあげるのです。上手に言えるようになったら、親御さんはストップする箇所を増やして、お子さんが自分で歌える部分を増やしてあげましょう。

■ お着替えの時には、衣服の色（赤いワンピース）や数（シャツ1枚、靴下1足など）も取り入れていきましょう。

- 自主的に選ばせてあげることも大事です。その日に着てもいいかなと思えるものを選択肢として示して選ばせましょう。「今日は長ズボンにする？ 半ズボンにする？」のように。前の晩に翌日の着替えを用意して、朝の支度がスムーズにできるようにしましょう。何を用意するかはお子さんと一緒に決めます。そして「自分でソックスを選んだのね。すごいね！ 朝起きたら、ママと一緒に下着を着ようね。それから補聴器／人工内耳も着けようね。そうしたら、あとは自分でぜーんぶ着られるかな。自分で選んだお洋服とくつした、ここに並べておくからね」のような指示をして、自主性を育むよう心がけましょう。

読み書きにつなげるアイディア

- お着替えの時も、特定の動きを特定の音と結びつけてあげます。パンツや靴下を引き上げる時に「うーん、ひーっぱってー」と声をかけてあげるなら、「ウー」の音を意識して聴かせてあげます。ファスナーは「ジー」と言いながら閉めます。音を強調する時は、個々の音韻を引き延ばすイメージで心持ちゆっくり発音してあげると、ことばの流れの中から個々の音を聞き取り、全体の中での位置関係（ことばの頭の音なのか、中ほどの音なのか、語尾なのか）を把握しやすくなります。こうした音韻の認識は将来読む力をつける時に大切になってきます

着替えの時のことば		
洋服	上着／下着	靴下
パンツ	シャツ	ジーンズ
スカート／ズボン	ワンピース	セーター
コート／ジャケット	半ズボン／半袖	ぼうし
靴／長靴	手袋	水着
タイツ	ボタン	えり
そで	ファスナー	ベルト
リボン	引っ張る	履く／着る
脱ぐ	暖かい／寒い	たたむ
引き出し	たんす／クローゼット	1足／1枚／1着
浴衣／着物	草履	模様（水玉・チェックなど）

✻ お料理をしよう！

- 小さいお子さんでもお料理を手伝わせてあげましょう。兄弟や姉妹がお手伝いしたがっている時は、順番にするということを教えてあげる絶好のチャンスです。「誰の番かな？」と尋ねて、難聴のお子さんが「私の番」「お兄ちゃんの番」「ママの番」と答えられるチャンスを作ってあげましょう。

- 食べ物や調理用具、料理の手順や作り方などをことばにしてあげましょう。お子さんの言語発達のレベルに合った語彙や言い方に気をつけて。話し始めたばかりのお子さんなら「ミルク」ということばを聴いて覚えるだけでもうれしいでしょう。より進んだお子さんなら「まな板」といった語彙も使っていいですよ。

- お昼の支度をする時には、これからすることを話しながら作業を進めましょう。「さぁ、お昼の用意をしようね。スープを混ぜて、温めましょう。スープ皿を取ってきてちょうだい。スープ皿にスープを注ぎましょう。ちょっと味見してみて」のように。

- ミキサーなど大きな音の出る調理器具があれば、いろいろな音に気づかせるのに利用しましょう。音を出す（機械のスイッチを入れる）前に「さぁ、よーく聴いて！」と言いながら耳を指差し、お子さんが音を捉える準備をさせます。「スイッチ入れた」「スイッチ消した」「(ヨーイ)ドン」「ストップ」などの言い方を使って、音がしている状態としていない状態の違いに気づかせましょう。触っても安全な器具ならば、震動に気づかせて音と結びつけることもいいでしょう。

- お子さんの語彙を増やすには、お子さんが発話したことを繰り返してあげる時に少しだけことばをプラスしてあげることです。例えば、お子さんが「熱い！」と言ったら「コンロはさわったら熱いよ。コンロは熱いから気をつけて！」、「ミルクこぼしちゃった」と言ったら「ミルク、テーブルの上にこぼしちゃったの。大丈夫。ふきんでミルクを拭いてちょうだい」といった具合です。また、お子さんが「おこな入れて」と言ったら「小麦粉をボールに入れるの？ はい、小麦粉を2カップ入れましょう」という風に加えていきましょう。

読み書きにつなげるアイディア

- 食事の用意ではレシピを参照したり決められた手順を守ったりする必要があります。調理のために必要な手順の説明を聴くことは聴覚記憶の力を高め、物事を一連の順序として理解する力を育みます。このような力は読解力につながっていきます

- りんごを食べるというごく単純なことでも、いくつかのステップに分けてお子さんに提示することができます。「まず冷蔵庫からりんごを取り出しましょう。りんごはどこかな？ あ、あった！ あった！」「りんごを洗いましょうね。お水を出すよ、よーく聴いて！（ジャーッ）きれい、きれい。さぁ、きれいになったね」そして「りんごを切りましょう。スパッ、トン、トン。ナイフはよく切れるから気をつけてね。さぁ、じょうずに切れたね。いくつに切れたかな。ひとつ、ふたぁつ、みっつ、よっつに切れたね。さぁ、食べましょう。うーん、おいしい！」というように

- 園児さんになったら写真入りのレシピを見ながら一緒に作業をしましょう。アルファベットや数字の形のクッキーを作ったらきっと楽しいですよ！

お料理する時のことば		
焼く	蒸す	煮る
炒める	洗う	切る
むく	（量を）計る	しぼる
混ぜる	（粉を）振る	（ソースを）かける
注ぐ	コンロ	ボール
カップ	お玉／しゃもじ	レシピ
お鍋	フライパン	冷蔵庫
電子レンジ／オーブン	食器棚	ミキサー／ブレンダー
炊飯器	ザル	包丁／まな板
味見する	触っちゃだめ	待って
気をつけて	持ってて	出来上がり！
ふきん	ガス	お湯
エプロン	テーブル／食卓	椅子
お弁当箱	コックさん	油

＊動作には音を付けるといいですよ（例：かける・・・パラパラ、ジャー、パッパなど）。

✸ いただきまーす！

- お子さんの非言語表現をよく見てみましょう。それは表情、体の動き、ジェスチャーや動作などです。お子さんが今何を感じ、考えているか、わかろうとしてみましょう。わかったら、それをことばにしてあげましょう。例えば「もうおしまい？」「わー、すごくおなかがすいてるんだねー！」「牛乳、もっと欲しいの？」「ざーんねん、なくなっちゃったよ」「ジュース飲んでね」「スプーンでコンコンってしたのね」「うーん、ごはん、おいしいねー」「ごちそうさまでした」などです。

- 食べているものについてコメントしましょう。熱い／冷たい、甘い／酸っぱい、などです。またこれから作って食べるお料理について話すことで、使われている材料の名前などは何度も聴かせてあげることができますね。例えば、「さぁ、今日はブロッコリー食べるよ。ブロッコリーを切ったのをお鍋に入れてちょうだい。次に、ブロッコリーのお鍋を火にかけて……熱々のブロッコリーできたね！」と調理をしながら語り、テーブルでは「○○ちゃんがお手伝いしてくれたブロッコリー、食べましょう。きれいな緑色になったね、おいしいね！」と語りかけ、食後には「今日食べたじゃがいもとブロッコリー、おいしかったね」と話しかけるわけです。

- お子さんに反復させようとする必要はありません。お子さんが自主的にまねようとするなら、一つ、二つことばを追加して返してあげましょう。例えば、お子さんが「熱い！」と言ったら「ごはん、熱いね！」と返してあげられます。「牛乳入れて」と言ったら「はいはい、カップに牛乳を入れましょう」、「おちゃ、こぼした」と言ったら「あらら、お茶がこぼれて床がよごれちゃったね。手がすべったのね」と広げてあげる、といった具合です。

- 食事の前にちゃんと補聴機器を着ける習慣をつけましょう。嫌がるお子さんでも、食べ物に気を取られたり夢中で食べている時には、補聴機器を着けていることを忘れてくれるものです。

- お子さんの近くに座り、注意を向けてくれるようにします。聴かせたい音や語がある時は、「さぁ、聴いてね」と言いながら耳に手をやるなどして、聴こうとする姿勢を作らせます（特に食事中は、ベトつく食べ物や汁などが補聴機器につかないように気をつけて）。

- 小さいお子さんは（自分が食べさせてもらうように）相手に食べさせることが大好きです。そんな時は「順番」ということを教える良い機会です。

読み書きにつなげるアイディア

- 食事の団欒の時間を有効に使って、話の流れを理解したり、相手にわかるように話す力をつけてあげましょう。こうした「物語り」の能力は、読む力や筋の通った話を作る力につながります。どちらも学業には欠かせない能力です。食事の時に家族にその日に起こったことを話す、それだけで早期からこうした能力を育むことになるのです
- 小さいうちは、抑揚豊かな、少し大げさな表現で話し、お子さんの注意を引きましょう。大事なところでは一瞬間を置いて、お子さんの期待を膨らませましょう
- 大きくなったら、お子さん自身が自分の一日を話してくれるよう、ヒントをあげたり促したりしてあげましょう。例えば、「パパはね、朝ごはんを食べた後は歯を磨いて、すぐ会社に出かけたよ」と話し、次はお子さんの番、といった雰囲気を作ります。家族が順番に一日の楽しかったこと、楽しくなかったことを話す。そんな中で難聴のお子さんも話す番、聴く番が自然に取れるようになるのです。こうして何でも話すことで、親子の絆も固くなることでしょう

食事の時のことば		
いただきます／ごちそうさま	おかわり／もっと	残していい？
食べる／食べ終わる	飲む／飲み終わる	おなかすいた／いっぱい
（お口）あけて	（お口から）出して	もぐもぐ／噛む
のどが渇いた	おいしい	まずい
好き／嫌い	甘い／からい／にがい……など	熱い／冷たい
とろーり	なくなっちゃった	大きい／小さい
厚い／薄い	朝ごはん／朝食／モーニング	晩ごはん／夕食／ディナー
昼ごはん／昼食／ランチ	お弁当	おやつ
外食	レストラン	献立／メニュー
こぼす	お弁当箱	デザート

まだまだたくさんありますよ！ 食べ物、飲み物、お菓子などまんべんなくお話ししてください。

食べ物・飲み物・お菓子		
食べる／食べ物	飲む／飲み物	果物／フルーツ／野菜
ごはん	水	りんご／ばなな……など
ラーメン／うどん	お茶／麦茶／緑茶	キャベツ／玉ねぎ……など
お子さまランチ	ジュース／オレンジジュース	お菓子
お寿司／マグロ、サーモン……	コーヒー／ココア	チョコレート
ピザ	牛乳	クッキー
スパゲティー	お酒／ビール	ヨーグルト
バター／ジャム	薬	プリン
鶏肉／牛肉／豚肉	スープ	あめ
ケーキ	お味噌汁	グミ
パン／トースト	乳酸菌飲料	アイスクリーム

✤ お皿を洗おう！

- お皿洗いのような仕事の時は、お子さんと一緒でも二人とも流しに顔を向けていて目線を合わせるのは難しいですね。そんな時はこんな方法があります。手を止めてお子さんの視線が親御さんに向かうのを待つ、名前を呼んだり軽くトントンと触れて気づかせる、などです。

- どちらかがお皿を割ってしまったとしましょう。お子さんが「壊れた／割れた」と言っています。こうした、いつもと違うことが起こってお子さんの注意が向いている時こそ語彙を増やしてあげるために「お皿がわれちゃった！ お皿が落ちてわれちゃったね。大丈夫、ママがくっつけてなおしてあげる」などのように語りかけましょう。

- 洗い物の洗剤の泡でお子さんが遊んでいる時はどうでしょう。泡が消えてしまって「あわ、ない」と言ったら、ぜひ「泡が消えちゃった。シュワシュワ、パチン！てわれちゃったね」などのように語ってください。

読み書きにつなげるアイディア

- 洗う前にお皿を数えましょう。家族が何人いて、お皿が何枚あって……。洗ったお皿を片づける時にも「あと何枚残っている？」と尋ねて答えさせるなど、数のやり取りができますね。数を数えることも読み書きの訓練になります。そうすることで、文章で表される算数の問題を理解できるようになっていくからです。数量に関する語彙（例えば「多い」「少ない」「（一つも）〜ない」）に馴染んでいくことも後の算数につながります

お皿を洗う時のことば		
洗う	お皿	お茶碗
汁わん	スプーン	ナイフ／フォーク
はし	コップ	瓶
泡	洗剤	スポンジ
乾燥	拭く	ふきん
汚れを落とす／落ちる	きれいにする／なる	清潔
厚い／薄い	朝ごはん／朝食／モーニング	晩ごはん／夕食／ディナー

❋ お手伝いをしよう！

- お子さんに日々の家事を手伝ってもらいましょう。小さいお子さんでも、自分の責任でこなす日課を持つことは大切です。脱いだ服は自分で洗濯物かごに入れる、食事の時にお箸を並べる、などの簡単なことから始めましょう。自分ですることは成長の糧となり、自信につながります。できれば子ども用の道具（ほうき、シャベル、かなづちなど）がいくつかあると、大人と一緒に"働く"ことができるでしょう。道具の名前はきちんと言いましょう。作業しながら「これから〜をするよ」「これは〜したらどうかな」「うまくできて、うれしいね」など細やかに伝え合いましょう。

- 家事の中で手伝ってもらえることは一緒に、順番にやりましょう。お皿を一枚ずつ取り出す、靴下をペアにして一足ずつ引き出しにしまう、などです。もちろん、一人でさっとすませた方が早いに決まっています。でも一緒にすることで、お子さんは家事のコツを学べるだけでなく、お手伝いができたという自信を持ち家族の中で役割を持てる喜びを感じることができるのです。

- 手を動かしながら、周りのさまざまな音を使ってゲームをしましょう。お子さんに「聴いて！」と注意を向けさせた上で、洗濯機、乾燥機、掃除機など音の出る機械のスイッチを入れます。その音について「大きな音ね」とか「うるさい音ね」などお子さんと話します。時には、お子さんがスイッチを入れて、振動を感じるのもいいかもしれません。ただし、機械音がしているところでは聞こえにくいことをお忘れなく。でも、手話と読話の練習をするにはかえっていい機会かもしれません。

- お子さんが騒音のあるところでいろいろと話しかけてくる時には、そういう時は誰でも聞こえにくいということをわからせてあげましょう。「音がうるさいから、声が聞こえない。ちょっと待って」と子どもの話をさえぎってから音源を消し／音源から遠ざかり、「さぁ、静かになった。これで聞きやすくなったわ。さっきなんて言ったの？　もう一度言ってくれる？」と会話を促します。

読み書きにつなげるアイディア

● 食卓に何人分のお皿とお箸を並べるか数えましょう。一緒に食事をする一人一人の名前を書き出してそれぞれの席を決め、座席カードを並べましょう

お手伝いのことば		
洗濯機	乾燥機	洗濯物
掃除機	ぞうきん	ほうき
掃除道具	バケツ	庭
草	ほこり	ごみ
（草などを）抜く	（ほうきなどで）掃く	（ぞうきんなどで）拭く
きれいにする	片づける	散らかす
手伝って	整理整頓	コンセント

✻ 図画工作

- 子どもはお絵かきや工作が大好き！ 手を動かして創造する時間は、新しい語彙を導入する絶好の機会です。お子さんに自分の描いた絵を説明してもらいましょう。そのことばを文字にして、作品のタイトルや説明書きとして使います。作品にサインさせて、アーティストとしての自負も持たせましょう。

- 出来事の順番を絵を使って説明します。例えば、人工内耳メーカーが作っている子ども向けの絵本やぬりえで、病院に行くことから新しい人工内耳を着けてもらうまで、一連の出来事を事前に説明してあげることも大事です。

- 筆、マーカー、クレヨンなどを手にして紙に向かっているとしましょう。ただ線を描くだけではもったいない。必ず声を添えてあげましょう。太い線を描く時は声を大きく、反対に細い線を描く時は小さくします。大きく腕を動かして長い線を引く時は「アーーー」や「ながーーーい」、小さな丸や点を描く時は「トントントン」「テンテンテン」など、動きと声を合わせてあげます。お子さんが自分でも言いやすい音がいいでしょう。

- 絵日記を活用したり、自分の本を創るのも、ことばの習得を後押しする大切な活動です。ステッカーやゴム印、雑誌の切り抜きなど、何を使っても構いません。散歩で見つけた落ち葉や鳥の羽なども素敵です。お子さん自身に、体験したことを表現するアイディアを出させ、好きに描かせてあげましょう。できたら家族やお友だちに見せ、お子さんが伝えようとしていることがうまく伝わるようにフォローしてあげます。

- 一緒に図書館に行くことも習慣にしましょう。子どものための絵本読み聞かせを催しているところもあるので活用しましょう。

読み書きにつなげるアイディア

● お子さん自身に自分の作品を説明させましょう。「ワンワン」という音だけだったり単語だけだったりと、つたない説明でもいいのです。拾い上げて文字にし、作品のタイトルにしてあげましょう。自分の作品に名前を書かせることも忘れずに(これもまた、字が書けなければ○でもミミズのような字でもいいのです)。自らのサインには誇り、他の誰でもない自分が完成させたものという意識、そしてうれしい体験としてのリテラシー(ここでは名前を書くこと)が詰まっているのですから

お絵かき・工作のことば		
色	クレヨン／色えんぴつ	赤・白・黄色・黒……など
形	丸・三角・四角・ハート……など	はさみ
粘土	カッター	紙
色紙／折り紙	テープ	シール
ぬりえ	お道具箱	のり
絵	丸める	切る
折る	ちぎる	塗る
書く	貼り付ける	上手／下手
きれい	かわいい	できた

✽ 読み書きの時間

そうだね
うさぎさんが
ぴょんぴょん
してるね

オーディトリー・バーバル法では、聴く力を伸ばすことを重視し、お子さんの隣に座ったり、膝抱きにして後ろから話しかけます。

■ お子さんと向き合って座ります。お子さんには絵本と親御さんの顔と手が同時に見えていますか？ まず本の絵や文字を眺める時間をあげてください。そして、親御さんの顔を見るまで待ってから話し始めます。顔を見る視線をそのまま保つために、本は一時的に伏せてしまう方がいい場合もあります。お子さんが話を聴いて筋が十分にわかるようになってきたら、まずお話をしてからその場面の絵を見せるという方法もあります。ブックスタンドを使えば、自由に手を動かして手話ができます。

■ お子さんに読み書きをする姿を見せることも、リテラシーへの一歩となります。手紙を書く時や新聞、メール、レシピを読む時なども、「おばあちゃんにお手紙を書こうね」「今おもしろい新聞記事を読んでいるよ」のように、何をしているのか伝えましょう。

■ 読書の習慣づけは赤ちゃんの時に始めましょう。最初はビニール製や厚紙でできた本を与えます。自分で触って、感じることで、自分で読書しているという体験になります。単純でクリアな色・形の絵に子どもが親しみやすいことばを添えた絵本で、同じストーリーを何度も何度も読んであげましょう。また同じお話を異なる方法で扱うこともできます。例えば『三匹のくま』を指人形やペープサートを使って（絵本の絵をコピーしたものを切り抜いて）お話ししてあげます。語りかける時は、印刷された文章にこだわらず、お子さんのことばの段階に合わせ、聴かせたい音を強調できることばを使ったり、新しい語彙を入れたりしながら、親御さん自身のことばで話してあげてください。その後、お子さんにそのお話を自分のことばで語らせてください。

■ お話に合わせていろいろな声音を使い分けていますか？ 大きくてこわーい狼さんには低くてドスのきいた声、三匹の子豚には高くて子どもっぽい声……。ドラマチックな展開ではわざとゆっくり話して期待を高め、ページをめくる前には一瞬の間を置きます。表情や身ぶりも豊かに使いましょう。

■ 音や擬音語・擬声語をテーマにした絵本がありますね。絵を指差しながらお話の中で音を聴かせていきましょう。もし太鼓が出てきたら「ドンドン、たたいているね」、魚が出てきたら「スーイスイ、お魚、およいでる」、泡は「パチン！ われちゃった」といった具合です。

■ 文字や数字、単語に興味を持つよう、さまざまな機会を与えましょう。数字や文字のマグネット、ゲーム機、「あいうえお」の積み木なども上手に使えば、読み書きへの興味を刺激することができます。家の中の道具やカレンダー、外では標識やポスターなど、日常のさまざまなところでお子さんと一緒に数字や文字を見つけましょう。

3. 遊びの時

✽ おうち遊び

■ お子さんと遊ぶ時、教師になろうとしないで遊び友だちになりましょう。お子さん自身に主導権を持たせ、まずはそばに座って待ちましょう。お子さんがしていること、言っていることをまねるところから始めます。

■ お子さんのしていること／遊びに合わせた声かけをしましょう。例えば、お子さんと一緒に床の上を転がすキャッチボールをしているとします。お子さんが突然、ボールを返さず、何かが気になったらしくボールを見つめています。ここですぐに「ボールを転がして」と指示を出すのではなく、観察しながら待ってみます。お子さんの注意を引いたのは何か考えてみましょう。もしかしてボールにチューインガムがくっついているのを見つけたのかもしれません。そうしたら「あらら、ガムだわ、ガムがくっついていたのね。いやねぇ、ベトベトして。指に付いちゃったのね、気持ち悪いねー」という風にお子さんの気持ちに寄り添った声かけをしてください。

■ 布の袋や空き箱の中におもちゃを入れましょう。取り出す時は一つずつ。その時に、必ずそのおもちゃから連想される音を一緒に言ってあげます。例えば、「ワンワン」と言ってからおもちゃの犬を、「ガタンゴトン」と言ってから電車を取り出す、という具合です。一つおもちゃを取り出したらお子さんの前に置いて、お子さんがそれを手にしたら、また同じ音を繰り返します。更にお子さんがおもちゃをどう扱うか、おもちゃで何をするかを見て、それをことばにしてあげます。

■ お子さんがおもちゃの音を聴き慣れてきたら、音を聞いただけでいくつかのおもちゃの中から正しいものを取れるかどうか見てみましょう。その時に、始めは音だけを聴かせてから、お子さんにおもちゃを選ばせてください。最初は聴き分けのしやすい（非常に異なる）音のおもちゃ（例えば自動車の「ブーブー」とウサギの「ピョンピョン」）をペアにします。これができたら他の音も挑戦しましょう。慣れてきたらレベルを上げて、似た音のものの中から選ばせましょう（例えば自動車の「ブーブー」と豚の「ブーブー」）。

■ 今度は、役割を入れ替えて、お子さんに音を言ってもらい、お母さんが音に合ったおもちゃを選びましょう。時々わざと間違って、お子さんが気づくかどうかチェックします。

遊びの中でお子さんの語彙を増やす、こんなアイディアもありますよ。

■ お子さんが絵本を指差し、「本」と言っています。「お話読んで！」と拡張してあげながら本を手に取りましょう。

■ お子さんが「ボール、しよう」と言っています。お母さんはボールを投げ返して「ママとキャッチボールをしたよ」とフォローしてあげます。

■ 人形をおもちゃのトラックに乗せようとして「トラック、乗る」と言っています。お母さんは「そうね、男の人がトラックに乗るよ。よいしょ、高いなぁ」と広げてあげます。

■ 牛のおもちゃを手に「牛、大きい、もぐもぐ」と言っています。正しい語順と拡張のためには「大きな牛さんが草を食べてるね、もーぐもぐ」のように返してあげましょう。

■ 子どもの歌は声で歌うにしろ、手話で歌うにしろ、リズミカルで楽しい上に、繰り返しが多く、替え歌にも適しています。お子さんが好きな歌を覚えると「次は何かな？」とお子さんに当てさせてみましょう。例えば、あなたが「♪トントントントン……」と言ったら、お子さんが「♪ひげじいさん！」と歌うなどです。また繰り返しの部分で一瞬止まってお子さんが自分で続けるのを待つ、順番にいろいろな動物が出てくる歌、例えば「♪こぶた（ブーブー）、たぬき（ポンポコポン）、きつね（コンコン）、ねこ（ニャーオ）」などでもいいですよ。

このような遊びをする時には親御さんも「次は何だっけ？」という表情や期待感を表現してお子さんの助けを待つなど、十分に演技力を発揮しましょう！

読み書きにつなげるアイディア

● 聴く力を鍛え、聴いただけでことばを理解できるという自信を育ててあげましょう。お子さんと横並びに座ったり、膝抱きにして後ろから声をかけられる体勢で本を読んであげることが、聴く力の訓練になります

おうちで遊ぶ時のことば		
数字1・2・3・4・5……	文字あ・い・う・え・お……	絵本
ブロック/積み木	電車/車	お人形
ぬいぐるみ	ボール	ふうせん
遊ぼう	作る	読む
乗る/乗せる	組み立てる	めくる
着せ替える	運転する	片づける
長い/短い	大きい/小さい	高い/低い
手伝う	かぶる/かぶせる	食べる/食べさせる
見てて	やって	履く/履かせる

✻ 外遊び

- 外遊びはたくさんの音にあふれた聴こえの体験ができる宝庫です。補聴機器を失くしてしまうのが心配なら、細いリボンやメガネストラップに安全ピンをつけるなどして服に留めましょう。

- 周りの聞こえてくる音に気づかせてあげましょう。「ほら、飛行機だ」「あれ？ サイレンの音が聞こえるよ」「犬が吠えてるね、大きな声で吠えてるね」などなど。お子さんが離れた場所で遊んでいる時には、聞こえる距離に呼び戻してから話しかけてください。

- 自然の中にあるもので音を出してみましょう。「枝と枝を打ち合わせたらどんな音？」「石を池に投げ入れたらポチャンというね」「落ち葉を踏んでカサカサカサ聞こえるね」。

- 外遊びでは、お子さんの注意を引くのに体を大きく使った表現も必要です。両腕をお子さんの方に突き出して「おいで」、首を縦／横に大きく振ったり、同意／不満の顔を大げさに作ったりして「いいよ」と「だめ」など、明確に意図を伝えることができます。

- ブランコを押してあげる時、一回ごとに止めてもう一度押して欲しいか言わせましょう。「もっと」「もう一回」「押して」などの要求があったら押してあげます。もしお子さんが声しか出さないか、泣くか、10秒間くらい待っても何も言ってこない時は、代わりに言ってあげるつもりで「もっとブランコ！」「もう一回押して！」などと言ってあげます。ただ押すだけでなく、「イーチ、ニー、の……サーン！」の「サーン」の前に間を置いて期待を高めましょう。滑り台で手を離す時も同じです。「ニー、の」の後でお子さんが「サーン！」と言うのを待ちましょう。このようなタイミングをおもしろがって一緒に数えるようになってくれるかもしれませんね。

- 動作に合った音を言ってあげましょう。滑り台を滑り降りる時は「シューッ」「ヒューッ」、ジャンプする時は「ピョンピョンピョン」、ブランコでは「ブーランブーラン」など。上手な声出しはお子さんの聴く力を引き出します。

- 顔いっぱいに興奮を表して「マー君、シューッ」とお子さんが訴えています。思いを受け止めて、「マー君、シューっとすべるよ。パパもシューってすべるよ」と返してあげましょう。滑走後に「はやーい！」と歓声をあげたら「はやいはやい！ すごいスピードですべったねー」とフォローしてあげましょう。

- 子どもがメリーゴーランドに乗って「しゅっぱーつ！」と言っています。フォローは「いいかい、行くよ、回るよ、回るよ！」でしょうか。しばらくすると、目が回ったのか、降りたそうにして、ただ「いやいや」と言っています。気持ちを理解してあげて、ことばにする手伝いをしましょう。「もうおしまいね。メリーゴーランド、もう降りよう」など。

- 外でのびのび遊ぶお子さんのようす・動作を観察し、まねしてみましょう。新しい遊びを発見したり興味を持つものがあるようなら、関連した語彙を（手話を）考えておいて、ベストなタイミングで使っていきます。

外遊びでは身体を動かしながら音やことばを学ぶ機会がたくさんあります。

読み書きにつなげるアイディア

● 自然探検家になっていろいろな発見をしよう！ 庭には虫がいるし、海岸に行ったらカニが穴を出入りしてるかもしれないし、森では鳥の声が聞こえます。新しい発見をするたびに新しい語彙も増えていき、知っている語彙なら文字に書かれた時に読むのが簡単になるのです

外で遊ぶ時のことば		
公園	ブランコ・すべりだい……など	三輪車／自転車
ベビーカー	お天気	晴れ／雨／雪……など
風	雲／太陽	草
砂場	砂／石	池／川
虫／昆虫	花／植物	木
滑る	こぐ	走る
歩く	追いかける	掘る
登る	待つ	捕まえる
（匂いを）嗅ぐ	蹴る	スタート／ストップ
順番	私の番／あなたの番	上／下／前／後／横／中／外

外遊びの一日の終わりには、お天気に関する本を読むのはどうでしょうか？虫の世界に興味があるならエリック・カール著『はらぺこあおむし』がお薦めです。夏は楽しい遊び・楽しい音がいっぱいの季節ですが、補聴機器にとっては試練の時です。お子さんと一緒に補聴機器のケアをしましょう。使う表現や語彙のチェックリストを参考にしてください。

チェックしてみよう！　補聴機器のトラブルチェック

- ☐ 自分で補聴器／人工内耳のケアができる
- ☐ 補聴器／人工内耳はとても熱く／暑くなるところには置かない（例：車のダッシュボードの上など）
- ☐ 補聴器／人工内耳が水に濡れないように気をつける
- ☐ 補聴器／人工内耳に砂が入らないように気をつける
- ☐ 補聴器／人工内耳は専用の丈夫な入れ物にしまう
- ☐ 補聴器／人工内耳専用の入れ物はいつも同じところに置いておく
- ☐ 湿気がチューブに入らないようにする（チューブの中に水滴を見つけたら掃除する）
- ☐ 夜は補聴器／人工内耳用の乾燥機に入れて乾かす

❋ パソコン・ゲーム機・DVD・その他

■ 字幕を出してテレビを見るご家庭は少なくありません。お子さん自身はまだ字が読めなくても、字幕があることで「書かれた」ものに意味があり、テレビの映像と同じように重要なんだということがわかります。早くから字に触れることで、文字や語彙を知っていく練習にもなります。

■ 家族でテレビ番組や映画を見る場合は、難聴のお子さんにどんな番組なのか、何が出てくるかなどの情報を先に教えておきましょう。手話の場合は、出てくるキャラクターの名前をどう表現するか考えておきましょう。見た後はどんなことが起こったかについて話し合います。ディズニーのアニメなどはたくさんのアクションがあり視覚情報が多いので好まれます。

- 地域の図書館などから子ども向きの動画を長期で借りてくると、何度も繰り返して見ることができます。時々再生を止めて、「次に何が起こるかなぁ」とお子さんに質問してみましょう。お子さんが大きくなったら、知っているストーリーであれば自分のことばや絵で説明できますね。「あの○○が〜した後どうなったか、教えて」「確か、始めに○○ちゃんが〜を全部食べちゃったのよね、それからどうしたかしら？」というような語りかけで思い出すきっかけを作ったり、「一番好きな場面は？」「こわかったところ、ある？」と話を向けたりします。好きなお話にオーディオブックなどがあると、更に聴こえを使った楽しみ方ができます。

- 手話解説付きDVDやインターネットの動画もあります。映像を追うだけでなく手話できちんと内容がわかるので、きっと楽しめることでしょう。

- 音楽の中でも音の大きいところと低い音の箇所のあるものを聴かせ、音そのものに注意を向けるきっかけにしましょう。音楽をかける前に「聴いてねー」と言って耳を指差し、次にスピーカーを指します。事前にボリュームを適切に設定しておいて、スイッチを入れます。大きな音が出たら驚いた顔をし、「大きな音」の体験を印象付けます。また、お子さんを抱いたり手をつないで音楽に合わせて踊り、音楽がストップしたら動きを止める遊びも楽しいですよ。

読み書きにつなげるアイディア

● 映画を見る前に、そのお話を本で読みましょう。子どもたちに人気の映画は原作が本であることが多く、もし原作が本でなくても、後から出版されることがあります

パソコン・ゲーム機・DVDなどのことば		
テレビ	映画	DVD
音楽	ゲーム	携帯電話
ラジオ	リモコン	スクリーン
パソコン	アニメ	スイッチ
ボリューム	レンタル	借りる／返す
映画館	ポップコーン	静かに
聴く／聞こえる	見る／見える	（音が）大きい／うるさい
再生／一時停止	巻き戻し／早送り	予約

✳ 家族の記念日・季節の行事

■ 子どもたちは家族が集まる記念日やお祭りが大好きです。写真の切り抜きを絵日記に貼ったり、実物のクリスマスデコレーションなど、身近にあるものを使って、難聴のお子さんも来るべき特別な日の意味を理解し、楽しみにできるようにしてあげましょう。イベントが近づいていることを感じられるようにカレンダーに楽しいシールを貼ったりイラストを描いたりして、楽しいイベントがどこにあるのかわかるようにしましょう。過ぎた日に一日一日とバツをつけ、楽しい日を指折り数えて待ちます。毎年続けていると、さまざまなイベントに順序があることがわかってくるでしょう。「ぼくの誕生日がきて、それからクリスマスで……」「子どもの日が最初に来て、それから母の日だな」という具合です。

■ お友だちを招いてパーティーをする時は、椅子取りゲームのような「音を聴いて行動する」ゲームをしましょう。太鼓の音が鳴っていたり、音楽がかかっている間は、椅子の周りをぐるぐる歩きます。音楽が止まったら「止まった！」と言い、あるいは手話しながらそれぞれ座る椅子を探します。次にまた音楽をかける前に「さ、よく聴いて！」と声をかけたり、あるいは手話をします。勝った負けたでゴタゴタしないよう、毎回椅子の数は減らしても子どもたちは全員最後までゲームに参加させます。最後は一つの椅子にみんなが座ろうとして「てんこ盛り」というわけです。

■ 誕生日パーティーではケーキの上のろうそくを吹き消したり、みんなでハッピーバースデーの歌を歌ったり、楽しみがいっぱい。初めてろうそくを吹き消そうとする時、小さなお子さんは「プープー」と唇の形や息の出し方などを一生懸命やってみるでしょう。ハッピーバースデーの歌はシンプルで繰り返しが多いので、歌うにしても手話で歌うにしても楽しめる歌です。大人も簡単に手話で歌えるようになります。難聴のお子さんも含め、家族みんなで歌いましょう。

■ クリスマスやお正月の準備をする時は、お子さんに説明しながら作業をしましょう。お子さんが自分から何か話したら、その発語を膨らませてあげましょう。

■ お祭りには特別な伝統料理がつきもの。その調理の時から音や匂い、味などについてたくさんの会話ができます。鈴や鐘の音、音楽、花火、かけ声など、いろいろな音が満ちあふれます。特別なお菓子やお料理に「おいしー！」を連発するかも！

■ 大家族が集まるような時には、難聴のお子さんには慣れない人の声と飛び交う会話がストレスになるかもしれません。特に他にも騒音がある時などは要注意。前もって、集う人たちの写真を見せ、誰が誰と教えておいてあげましょう。手話を使うお子さんなら、家族の特徴から手話名を付けておくのも手です。例えば、おひげのジョンおじいさんは「ひげ」の手話、ジムおじさんは「大声」といった風に。それぞれの名前の最初の文字を使ってもいいでしょう。

■ 手話を使うお子さんの場合は、ご家庭に集まる人たちにもあらかじめ基本的な情報と簡単な手話表現を教えておきます。また、お子さんが伝えようとしていることを通訳してあげます。同時に、他の人が話していることをお子さんに要約して伝えてあげます。家族には、まねをすること、ジェスチャーやイラスト、実物を見せることなどもお子さんとのコミュニケーションをスムーズにすることをわかってもらいましょう。手話ができなくてもいいのです。みんなが話していることをできるだけたくさんお子さんに伝え、他の人にもそうするように促してください。このような雰囲気の中で、難聴のお子さんは自分も家族の一員、その場の一員であることを感じていくのです。

読み書きにつなげるアイディア

● 伝統行事の前には関連した絵本を図書館で借りてきましょう。行事の名前が書かれてあるデコレーションを飾るのもいいですね

家族の記念日・季節の行事のことば		
誕生日	結婚式	祝日・祭日
パーティー	プレゼント	葬式
昨日／今日／明日	カレンダー	年／〜年
月／〜月	日／〜日	○曜日
うれしい	かなしい	幸せ
季節	デコレーション	入学／卒業／新旧
季節の行事（クリスマス・七夕・子どもの日……など）		

4. お出かけの時

　外に出て好奇の目にさらされることを恐れるご両親は少なくありません。じろじろ見られていると思うだけで、難聴のお子さんについての不安がつのってきてしまうのでしょうか？　それは傷ついた、恥ずかしかった、子どもを守らなくては、という感情となってしまいがちです。補聴機器を着け、視覚的コミュニケーションをしていれば、確かに目立ってしまいます。そんな時どう対応するか、考えておいてください。人に、例えば補聴機器のことを質問されたらどう応えるのがそれぞれの気持ちにぴったりくるか、家族で話し合っておきましょう。もしも、お子さんの難聴のことを誰かに尋ねられたら泣いてしまうかもしれないと不安なら、友人や家族の誰かに助けてもらいながら一緒に乗り越えていきましょう。

- お子さんの難聴、補聴器、視覚的コミュニケーションについて、親としてどういう説明をするか（あるいはしないか）をお子さんは見ています。大きくなって自分のことを説明する仕方を学んでいると思ってください。多くの場合、簡単な説明で十分なのです。

- 例えばこんな具合です。「マー君は補聴器を着けているの。着けないと、高い音や小さな音が聞こえにくいから。お話しする時は少し近づいて、普通の声で話してくれると一番聞きやすいな」。また「娘は人工内耳という機械を通して聴いて話すことを学んでいるところです。生まれつき耳が聞こえないのですが、この機械が耳の代わりに音を届けてくれるんですよ」というように。

❋ お買い物

- お子さんが「店」と言える（あるいは手話ができる）なら、買い物に行く時に「〜屋さん」「〜を売っているお店」といったことばを膨らませてあげましょう。例えば「ホームセンターに行くよ。大工仕事をするのに釘がいるんだ」といった具合です。親御さん自身が「ホームセンター」という手話を知らない場合は、とりあえずジェスチャーで伝え、後で調べておきましょう。その他の語彙についても、正確に語彙を伝えようと思えば指文字で示す必要があります。

- お子さんが買い物かごに商品を入れる時に「これも」と言っていたら、「これも買おうね。買い物かごに入れようね」とフォローしましょう。

- お子さんが牛乳のパックを買い物かごに入れながら「つめたーい」と言って（あるいは手話して）います。「そうね、冷たい牛乳ね」と返してください。

- お子さんがお気に入りのお菓子を見つけて「あー」と言っています。「マー君の好きなグミだね。グミが欲しいよぅ」と代弁してあげましょう。

- お子さんが「アイス、どこ？」と言ったら「アイスクリームはどこにあるかなぁ？」と直してあげましょう。その上で「アイスクリームは冷たくしておかなくちゃ。だから冷凍庫の中だよ」と情報と語彙を追加します。

- お友だちへのプレゼントは一緒に買いに行きましょう。家に帰ったらカードを一緒に作ります。一生懸命絵を描いたり名前を書いたりすることが読み書きの一歩となり、表現することや贈ることの大切さを学びます。

読み書きにつなげるアイディア

- スーパーに行く時は、店のチラシや雑誌の切り抜きを使って、お子さんがショッピングリストを作る手伝いをしましょう。買い物にはペンを持って行き、買い物かごに入れたものはリストに印をつけさせます

お買い物の時のことば		
お店屋さん	デパート／スーパー	コンビニ
買い物	お金	自動販売機
財布	支払う	〜円
カート	おつり	欲しい
もらう	いくらですか？	袋／かご

❋ 旅行・遠足など

■ 難聴児は、周りで話されていることを小耳に挟むのが難しいため、外出が予定されていても知らないでいることがよくあります。旅行や外出の計画を、目的地や会う人の写真や絵を見せながら難聴のお子さんとも相談して決めていくようにしましょう。

読み書きにつなげるアイディア

● 難聴のお子さん用のイベントカレンダーを作りましょう。1か月くらいの間隔で、特別なイベントを一つ一つイラストやシールなどを使って書き入れます。例えば補聴器／人工内耳の調整に行く日には補聴器／人工内耳の写真やイラストで印をします。カレンダーを見て物事の順序や時間の流れを把握することは読み書きの大事な準備となりますし、お子さんとの活動の予習や復習を忘れずにしてあげられるという利点もあります

旅行や遠足などの時のことば		
遊園地	レストラン	ピクニック
博物館／美術館／科学館	サーカス	プール
海／海水浴	飛行機／車／バス／電車	乗り物
ホテル	ガソリンスタンド	切符／チケット
泳ぐ	浮き輪	シートベルト
交番／警察署	消防署	郵便局
図書館	ピエロ	おまわりさん

✼ 生き物

■ 動物の鳴き声を聴かせましょう。赤ちゃんが最初にまねして言い始める発声の中に、鳴き声がたくさんありますよ。

■ 子どもは動物が大好き。動物に関する本を借りてきて、どんな動物がどこに住み、何を食べて生きているのか、一緒に見つけてみましょう。

■ お子さんはどの動物が好きでしょうか？

■ 漫画やアニメ、絵本に出てくる動物について、たくさんお話ししましょう。

読み書きにつなげるアイディア

● 動物園や水族館に遊びに行ってみましょう。案内板やパンフレットには何が書いてあるかな？ お子さんに気づかせてみましょう

動物園・水族館のことば		
あひる	馬	羊
ねずみ	パンダ	らくだ
ハムスター	ペンギン	カメ
カエル	へび	クジラ
えさ	鳥／魚／動物	生き物
檻／柵	危険	触る
飼育員さん	入場券／チケット	静かに

❋ お耳の病院やことばの教室

病院やことばの教室で使うことば		
病院	先生	看護師さん
聴力検査	人工内耳／補聴器	電池／充電
故障／修理	メガネ	ヘッドフォン
マスク	イヤーモールド	スイッチが入っている／いない
音が大きい／小さい	マッピング／フィッティング	おけいこ／訓練
予約／予定	FM／ワイヤレス・システム	聞こえやすい／にくい

❋ 幼稚園・保育園・学校

■ 就学前に、学校生活で必要となる語彙に親しんでおきましょう。

■ 入学する学校にお子さんと行ってみましょう。カレンダーに学校のイラストを描いたら学校に行く日ということがわかるようにしておきます。教室の写真を撮らせてもらい、お子さんの学校生活に関するアルバムを作ります。

■ クラスでいつも歌う歌や暗唱することなどを事前に教えてもらいましょう。先生に、それらの歌を事前に覚えたいので授業を見に行っても良いかどうかや、歌やお話を録音させてもらえるか尋ねてみましょう。

■ お子さんの補聴機器についての情報をわかりやすくまとめましょう。よくある質問、例えば「補聴機器が落ちたり取れてしまったら、どうしたらいいですか？」などを想定して、対処の方法を簡潔に記します。

■ 家では自分の補聴器／人工内耳の基本的な扱いをお子さん自身ができるようにしておけば、学校でも安心です。機器の調子が悪くて先生の言っていることが聞こえないような場合、どうする？とお子さんと相談し、自分で解決策を取れるように準備しておきましょう。

読み書きにつなげるアイディア

● 学校の図書室にお子さんと一緒に行ってみましょう。あらかじめ図書室の利用方法なども確認しておきましょう

幼稚園・保育園・学校などで使うことば		
○○学校／○○園	○年／○○組	校長先生／園長先生
お昼寝	発表会	運動会
遊びの時間	おやつの時間	お遊戯
お友だち	お迎え	運動場
体育館	下駄箱	職員室
ピアノ	給食	貸してあげる／貸してもらう
一緒にする	交換する	分ける
弾く	右／左	並ぶ

最後にひとこと

　重度難聴の診断を受けてかなりの年月の経つお子さんのお母様と話す機会がありました。息子さんの診断後の2～3年は、未来に向けて前向きな考えを持つことなど想像もできなかったそうです。でも、その時は二度と立ち上がれないほどの衝撃と思われていたことが、今振り返ってみれば家族全員にとっての「発見の旅の始まり」だった、と話されました。

　息子さんの難聴をきっかけに、それまで知らなかったし、知ろうともしなかった世界を知り、自分たちと違う生き方をする人々を理解できるようになったというのです。家族がお互いの意思疎通のためにベストな方法を探し求め、同じように迷う家族と親しく付き合うようになる中で、自分たちも知らなかった内なる力と自信に気づいていきました。

　難聴児の親として、これからこなさなければならない課題に足がすくむような思いをなさっているかもしれません。でも信じてください。時間と共に必ず新たな力が湧いてきて、お子さんの成長する姿を見守ることがどれほどワクワクすることか、そして同時にどれほど深く満ち足りた気持ちにしてくれることかが、ストンとおなかに落ちるようにわかるようになります。

　この本を手にしてくださったあなたの「発見の旅の始まり」を祝して……

用語解説

1語文
文法上、文ではないが、1語に文章のような意味が含まれる発話。例えば、犬を見て「犬がいる」「犬を見てよ」「かわいい犬」などの意味を全て「ワンワン」と発話する

インテグレーション
統合保育・教育。障害のある子どもを障害のない子どもと共に教育すること。最近は障害児と健常児の区別なく、共に学ぶ機会を作り、全ての子どもたちの教育ニーズを包括するというインクルージョン（包括教育）という考え方に変わってきている

音節
連続した音声の自然な切れ目、音の最小のまとまり。日本語の50音表（「あ」・「きゃ」など）は、全て1音節

感音性難聴
難聴の種類の一つ。難聴には大きく分けると伝音性難聴、感音性難聴、混合性難聴がある
伝音性難聴……鼓膜、耳小骨など外耳、中耳などの問題が原因で起こる難聴
感音性難聴……蝸牛などの内耳や聴神経などの問題が原因で起こる難聴
混合性難聴……伝音性難聴と感音性難聴の両方の要因を持つ難聴

聴こえ年齢
補聴器や人工内耳を装用して音を聞き始めた日からの年齢。耳年齢、聴覚年齢などと表現する場合もある

構音
唇や舌、顎などの発声発語器官を動かしていろいろな音を作り出すこと

構音点
発声時に空気の流れがさえぎられる場所

残存聴力
難聴ではあるが、全く聞こえないわけではなく、測定可能な残っている聴力。低音域に残存聴力があると、補聴機器を装用しなくても低い音に反応する場合がある

ジャーゴン

「むにゃむにゃ」のように無意味な音のつながりの発語で、喃語と違って繰り返しが少なくイントネーションがあり、大人の話しことばのように聞こえる。喃語期が終わった子どもに見られる

手話

日本語対応手話（手指日本語）と日本手話がある。日本語対応手話は日本語の文法や語順に合わせて手や指を動かす。日本手話は、文法が日本語とは異なる独自の体系を持つ。本書では、特に明記しない場合は両方を含む

条件付け

子どもに対して行う聴力の評価方法。成人の聴力検査では、音が聞こえたらボタンを押すなどするが、乳幼児の場合は音が聞こえたらおはじきを箱に入れたり、シールを貼ったりするなど、繰り返し特定の動作をさせることで聞こえの閾値を推定することができる

静寂下

雑音が一切ない静かな環境

前言語期

1歳頃に「意味のあることば」を発するまでの期間。反射的な音声や叫び、笑い、泣く、模倣、ジャーゴンなどの行動が見られる。前言語期は、1歳以降にことばを習得していくための準備期間として重要な役割を持つと言われている

騒音下

音声が聞こえにくいような雑音がある環境

聴性行動

音が聞こえた時に出る乳幼児の反応。突然の音にビクッとする（モロー反射）、まぶたがギュッと閉じる（眼瞼反射）、眠っている時に突然大きな音がするとまぶたが開く（覚醒反射）など。オーディトリー・バーバル法では、より広い意味で使われ、第1章聴こえの発達段階チェックリスト1～3にあげたような行動を指す

2語文

「パパがジュースを飲んでいる」「パパのジュース」「パパがジュースをこぼしちゃった」などの意味を「パパ、ジュース」という発話で表す

母親語

マザリーズ (motherese)、育児語とも呼ばれる。母親が赤ちゃんに話しかける特徴的な話しかけ方。高めで抑揚があり、ゆっくりで繰り返しのある話しかけは、赤ちゃんにとって聴き取りやすい

非言語的

身ぶりや表情など音声言語以外のやり取りのことで、ノンバーバルとも言う

補聴閾値

補聴器や人工内耳を装用して聞こえるようになる最少の音の大きさの値。聞こえないレベルから少しずつ音を大きくして最初に聞こえる値をdBで表す

療育

障害や発達の遅れがある子どもに対して、生活の不自由さをなくし、社会的自立を促すために援助する医療や保育・教育のこと

リング6音テスト

リング6音テストは /a/ /i/ /u/ /sh/ /s/ /m/ の6音が補聴状態で聞こえるかどうかをチェックする簡単なテスト。この6音は会話で必要とされる音域をカバーするので、この6音を聞き取ることができれば、会話音が聞こえることになる。

テストをするときは、子どもから親の顔が見えないような位置で行う。子どもが6音を聴いて表情を変えたり、振り向いたりして反応する段階から、次第に模倣、反復できるようになる。/sh/ /s/ /m/ を提示するときは、日本語の「シ」「ス」「ム」のように子音のあとに母音を付けないようにする

ワイヤレス・システム

補聴援助システムとも言う。FM、磁気ループ、Bluetooth、赤外線などを使用してマイクロホン付きの送信機から、話し手の声を補聴器／人工内耳に取り付けた受信機へ送り、聴き取りを改善するシステム

著者紹介

スーザン・レイン(Susan Lane)
カナダ・ブリティッシュ・コロンビア州立
難聴児ファミリー・リソース・センター
ディレクター

ロリ・ベル(Lori Bell)
カナダ・ブリティッシュ・コロンビア州立
難聴児ファミリー・リソース・センター
オージオロジスト

テリー・パーソン=ティルカ(Terry Parson-Tylka)
カナダ・ブリティッシュ・コロンビア州立
難聴児ファミリー・リソース・センター
ろう・難聴児教育者

カナダ・ブリティッシュ・コロンビア州立
難聴児ファミリー・リソース・ソサイエティ
(BC Family Hearing Resource Society)
1983年にカナダ・ブリティッシュ・コロンビア州に設立された非営利の聴覚障害児と家族のための協会。カナダ・ブリティッシュ・コロンビア州立難聴児ファミリー・リソース・センター(BC Family Hearing Resource Centre)として、ブリティッシュ・コロンビア州のろう・難聴児やその家族に様々な支援を行っている。

編訳者紹介

北野庸子(きたの・ようこ)
NPO法人信州きこえとことばのセンターやまびこ
理事長

井上ひとみ(いのうえ・ひとみ)
日本福祉大学中央福祉専門学校
言語聴覚士科専任教員

シュタイガー知茶子(しゅたいがー・ちさこ)
声援隊代表、難聴児の母

星野友美子(ほしの・ゆみこ)
静岡市人工内耳親子の会代表、
難聴児二児の母

矢崎牧(やざき・まき)
兵庫医科大学病院言語聴覚士

聴くことで世界が広がる！
難聴児の豊かな子育てガイドブック

2019年12月15日　初版第1刷発行

著　者	スーザン・レイン　ロリ・ベル　テリー・パーソン=ティルカ
編訳者	北野庸子　井上ひとみ　シュタイガー知茶子　星野友美子　矢崎牧
発行者	吉峰晃一朗　田中哲哉
発行所	株式会社ココ出版
	〒162-0828
	東京都新宿区袋町25-30-107
	電話　03-3269-5438
	ファクス　03-3269-5438

装丁・組版設計・イラスト　岡村伊都
印刷・製本　株式会社シナノパブリッシングプレス

定価はカバーに表示してあります
ISBN 978-4-86676-014-8
© Yoko Kitano, Hitomi Inoue, Chisako Steiger, Yumiko Hoshino, Maki Yazaki, 2019
Printed in Japan